23区格差

池田利道
Ikeda Toshimichi

JN230050

Chuko Shinsho
La Clef
542

中央公論新社

はじめに

東京23区に存在する「格差」

東京への一極集中が止まらない。2020年のオリンピック開催は、東京の「ひとり勝ち」をますます加速させるに違いない。

東京23区の人口は、1960年代までの高度成長期に増加を続け、日本経済が成熟期を迎えると減少に転じた。その後、バブルと呼ばれた好景気が終わり、デフレの様相が強まっていく1990年代後半以降、再び増加という波を描いてきた。

わが国がずっと成熟期でいられたなら、多様な個性に彩られた「地方の時代」が訪れるはずだっただろう。しかし、経済が強烈に縮小し始めたため、生き残りをかけてあらゆる活動が「強者」「東京」のもとに集中し始めたのだ。

これは避けて通れない道でもある。人口減少と超高齢社会のダブルパンチによって、シュリンクの速度が増している以上、縮小するパイを奪い合い、全国各地に「勝ち組」と「負け組」が生まれ、同時に格差拡大も進んでいる。

東京23区内でもまた、格差が進んでいる。

区が提供するサービスはもちろん、年齢構成や家族構成、年収や学歴、職業などのセグメントに至るまで、区民のデータはピンからキリまでこと欠かない。同時に、各区はそうしたデータだけでは計り知れない強みと弱みをそれぞれに持ち、かつそれらが複雑に絡み合って「動き」を創り出している。この「動き」こそが、絶えずダイナミズムを生み出す東京の原動力にほかならない。

そう、格差の中に東京が勝者になった秘密が隠されているのだ。

銭湯と豆腐屋のデータが示すもの

東京に人が集まるのは、モノ、カネ、情報の集積によって、様々なチャンスが生み出されるからだ。しかし、その代償として、「隣に誰が住んでいるか知らない」「自分の家だけが良ければいい」といった、東京生活でよく耳にする、個人主義と合理主義が蔓延し、同時に生活から潤いが消えてしまう。これがいわゆる「東京一極集中弊害論」の主張である。

実際、近代都市論においては、「都市生活では古きよきものを切り捨て、人間としての本来的な豊かさを犠牲にすることで、経済的な豊かさを手にする」とされてきた。だとしたら、東京23区が示す次のデータをどう解釈すればいいのだろう。

日本で「古きよきもの」を象徴する銭湯の数は、人口あたり全国平均の2・3倍。同じく豆腐店の数は1・5倍。ちなみに、富の集中を象徴する所得水準は1・3倍だから、銭湯の集積度はこれをはるかに超えている。

ほかにも、東京には「常識」では捉えきれない実態がたくさん存在している。東京の内なる格差もまた然りで、どの区がどのように勝ち組で、どの区がどのように負け組かは、不動産会社の広告文句のように単純ではないのがまた面白い。

住みたいまちの選び方が変わってきた

東日本の出身者は東京の東部・北部に住み、西日本出身者は西部・南部に住むといわれる。よく聞く話ではあるが、これはどうも「都市伝説」のようだ。むしろ間違いないのは、多くの人は同じ鉄道の沿線で移住を繰り返すという、意外なほどの行動範囲の狭さである。

地下鉄を介した私鉄の相互乗り入れが進み、ＪＲもまた従来の範囲を超えた路線の営業を進める今日、鉄道沿線の概念も変わりつつある。最終章に書いたが、「住みたいまち」を聞いたアンケート調査の結果はほとんど変化がないが、ちょっとだけ質問を変えると、北千住や赤羽といったまちの名が浮上してくるのがその証拠だ。

その背景のひとつに、自分にベストフィットする「まち」を主体的に選択し、そこに住もうとする意識の高まりがある。従来のように住環境や交通インフラだけではなく、区やまちの本質的な魅力を理解し、自分のニーズに合うまちを選ぶ人が増えているようだ。

そこでこの本では、23区の環境や実力についてデータを元にランキングしたり、解説を加えたりしていくことで、そういった皆さんの選択のお手伝いをしていきたい。

住まい選びは、シャツを着替えるように簡単にはいかない。固定観念に縛られず、格差や特性を理解したうえで、「あなたにとって住みたいまち」を選び出し、思い切って移り住んでほしい。

23区内での「格差」が進む東京に「住む」という選択をするのだから、自己の主張とまちの主張の一体化をなし得た人が、トクする勝者となることができるのは確かなのだから。

「勝者」東京に課せられた義務

最後に堅い話を。

筆者は、都市計画のコンサルタントとして、これまで様々な地方都市のまちづくりをお手伝いしてきた。縁あって、一般社団法人東京23区研究所の所長を務めている今も、実は地方都市とのおつき合いの方が多い。その中で日々感じていることでもある。

右肩上がりの成長の時代なら、地方にも存在力が残されていた。だから、「格差」は「個性」という言葉のオブラートに包むことができたかもしれない。だが、全国の半分の市町村が消滅する危機に直面しているといわれる今日、そんな牧歌的なレトリックでは生き残れない瀬戸際にまで追い詰められているのが現実だ。

そして、否応なく「格差社会」に突入した今日、東京は新たな義務を負っている。それは、東京自らが日本における都市の「生存モデル」を体現し、それを全国に向けて発信していく、勝者としての義務だ。

データを通して東京を分析するこの本では、「格差」を「個性」に変えるポイントを示す手伝いもしていきたい。

地方創生の議論も人と一緒で、固定観念の転換を果たし得るまちだけが成功事例から学び取り、生き残ることができる。両者の本質にはまったく変わりがない。

常識のくびきを超えたとき、はじめて未来が見えてくる。私はそう思う。

この本には、データの数字がたくさん出てくる。煩わしさを避けるため、基本的に初出時に出典や年次を記すことにした。出典や年次が記されていないデータは、事業所や従業者に関するものは2012年の『経済センサス』、工業（製造業）に関するものは2011年の『工業統計』、その他は2010年の『国勢調査』に基づいていることを、あらかじめお断りしておく。

目次

第3章 年収・学歴・職業が非凡な区、平凡な区 89

第4章 23区の通信簿

Aクラス

23区格差

図表作成・本文DTP／今井明子

前章

多極化する23区に生まれる「格差」

23区認知度ランキング——1位新宿区、23位北区

東京23区を語る前に、まず次ページの図表1をご覧いただきたい。これは「ｇｏｏランキング」が２０１４年6月に公表した、『実はどこにあるかわからない東京23区』の結果である。

オリジナルデータは「わからない」という人が多い順にランキングされていたが、ここでは数値が小さいほど認知度が高いことを示すため、順番を逆転させた。

読者の皆さんは「なるほど」とうなずかれただろうか。それとも「えっ？」と首を傾げられただろうか。

新宿区と渋谷区がトップ2を占めるのは納得の結果だろう。

その一方、東京のど真ん中の千代田区より中野区が上位にあること、人口55万人を擁し、世田谷区と並んで東京の山の手を代表する杉並区が、練馬区、江戸川区、葛飾区などとほぼ同列の10位に甘んじていることなどは、意外といえなくもない。認知度の高さも格差を示す指標のひとつと考えるなら、杉並区は「勝ち組」と「負け組」のボーダーラインに位置していることになる。

図表1 実はどこにあるかわからない東京23区

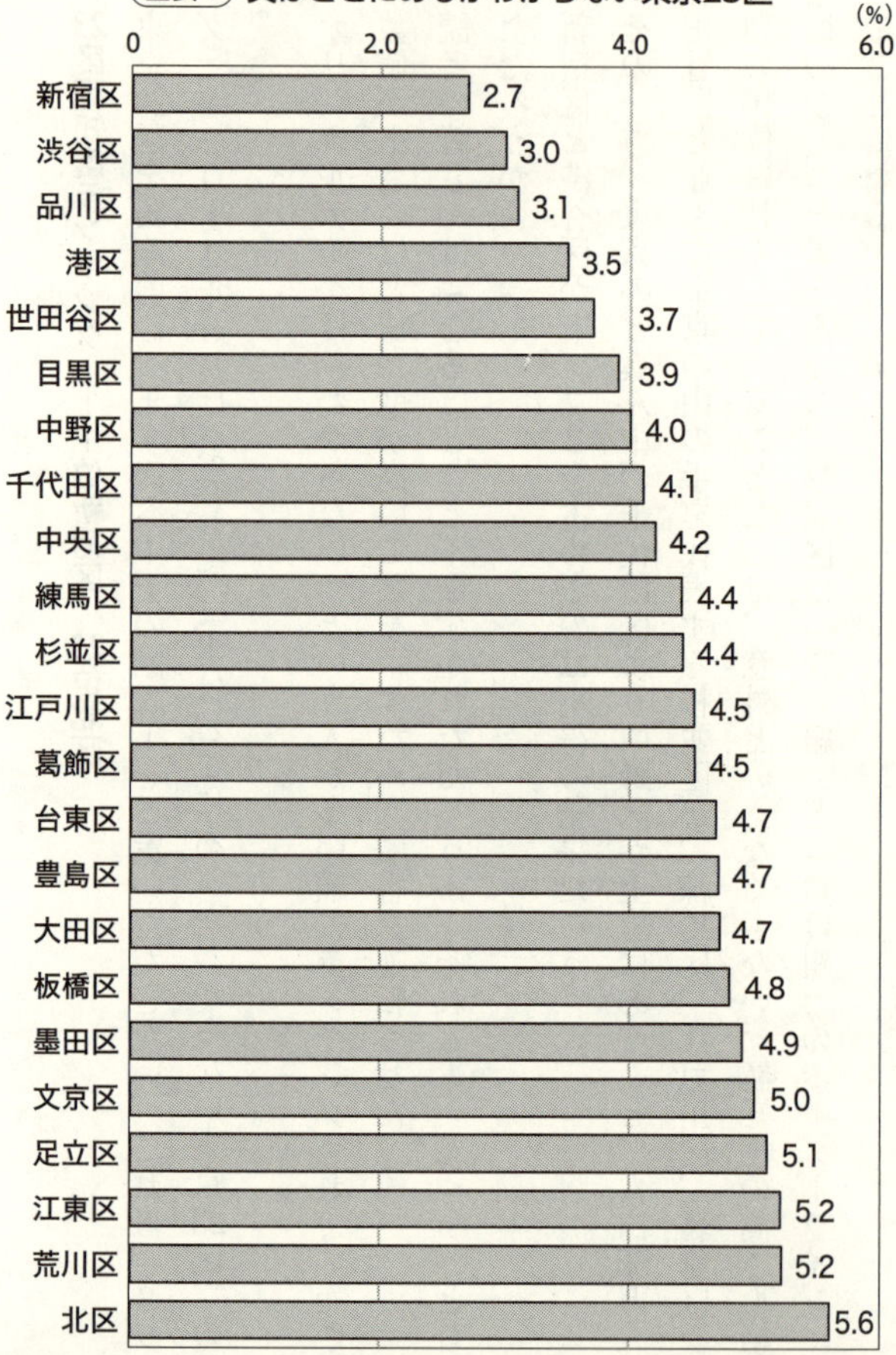

出所：「gooランキング」
実査機関；アイブリッジ株式会社　調査方法；アイブリッジ提供の「リサーチプラス」モニターに対するアンケート調査　調査期間；2014年6月12日～16日。有効回答数；500名（男性=250名、女性=250名）

もしあなたが仮に、渋谷区を紹介するプロモーションビデオを作ることになったとしよう。おそらくその冒頭は、渋谷駅ハチ公口前、多くの人が行きかうスクランブル交差点の映像で決まりだろう。

実は東京23区の中で、渋谷のように区の名前、駅の名前、中心となるまちの名前の三つが一致している区はさほど多くなく、ほかには新宿区と中野区しかない。練馬区もそうかもしれないが、東武練馬駅もあるし、少し違う。

区の名前と同じ駅名なら、確かに品川、目黒、板橋がある。しかし、実際には品川駅は港区に、目黒駅は品川区に、板橋駅は板橋区、北区、豊島区の3区の境界に位置する。図表1の認知度で、東京で一番トレンディと言われる港区より品川区が上位にあがっているのは、アンケートに答えた人が、「品川駅が品川区」と誤解したのかもしれない。

一方で杉並区。区のほぼ中央を横断する中央線には、東から高円寺、阿佐ケ谷、荻窪、西荻窪の4駅が連なる。

人呼んで、「ロックの高円寺」「ジャズの阿佐谷」「クラシックの荻窪」。西荻窪は音楽ではないが、知る人ぞ知る「アンティークのニシオギ」。いずれ劣らぬ個性派ぞろいといえるだろう。

「ロックの高円寺」の言葉どおり、高円寺は東京を代表する若者のまちだ。そうかと思えば、少し南に下った井の頭線の沿線には永福、浜田山、久我山といった超高級住宅街が広がる。これらのまちをひとまとめにして、杉並区が形作られている。

東京は多様なまちの複合体

住民ならいざ知らず、多くの方は普段行きかう東京のまちを、区という単位ではあまり認識していないと思われる。

たとえば新橋、有楽町、八重洲、神田、秋葉原。これらのまちが何区にあるかをご存じだろうか。新橋は港区。八重洲は中央区。残る有楽町、神田、秋葉原はいずれも千代田区。全問正解者は相当の東京フリークだと自慢してもいいだろう。

個人的な話で恐縮ながら、筆者は千葉県の船橋市に住んでいる。人口は杉並区を上回る62万人。

数字だけ見れば東京23区を除くと、20の政令指定都市に次ぎ、全国で21番目に人口が多い大都市である。ところが、圧倒的多数の人は船橋市と聞いても「船橋」の駅かその近辺しか思い浮かばないのではないだろうか。全国の都市の大部分は船橋市と同じで、名前を聞いても代表的な拠点くらいしか思い浮かばない「渋谷型」である。

ひとつの区に多様な特徴を持つまちが同居する「杉並型」が多数を占める東京は異色の存在であり、これが東京23区の大きな特徴でもある。

「東京への一極集中」といったとき、東京はひとくくりで捉えられがちだ。だがその内部を見れば、多様な「まちの複合体」が存在しているのである。

こうした東京の「多極化した複合体」という特徴は、近年ますます強まっている。多極化しているからこそ、様々な価値観を持った人々を惹きつけることができているのだ。

さらに言えば、多極化の結果として、東京を構成する各区の間には差が生まれ、広がっている。あらためてそう考えたとき、「はじめに」で記した「23区格差」の中にこそ、東京のパワーの源泉が秘められているという事実が一層重みを増してくる。

第1章

23区常識の「ウソ」

23区には常識があてはまらない

東京23区は、一般的に「常識」とされていることがあてはまらないことが多い。それは東京だけが特殊だからではなく、東京が現代社会の最先端、ある意味で基準外で走っているからにほかならない。

しかし、このような東京の性質を理解しなければ、そのダイナミズムに取り残されてしまう。同時に東京が持つ「非常識」の中にこそ潜む、多くの実践的な「知恵」にも気づくことができずに終わってしまう。

この章では、こうした「非常識」を象徴する代表的な話題として、「少子化」「高齢化」「下町と山の手」「定住」の四つの側面を取り上げてみたい。それらを踏まえ、「なぜ常識のウソが生まれるのか」にまで、データを用いて踏み込んだ検討を行っていこうと思う。

PART1 「少子化」というウソ

出生率が低くても子どもは増える

「ひとり勝ち」の繁栄を続ける東京のアキレス腱。それこそが「少子化」だと言われている。

厚生労働省の『人口動態統計』を見てみよう。2013年の合計特殊出生率（1人の女性が一生の間に産む子どもの数）の全国平均値は1・43。東京都は1・13で、やはりというか、予想どおり、47都道府県の中で一番低い。

下から二番目は京都府の1・26。以下、北海道の1・28、神奈川県と奈良県の1・31と続くから飛び抜けて低いといえる。ちなみに、東京都が推計した同じ2013年の23区の合計特殊出生率は1・16。やはり低いことに変わりはない。

では、少子化の動向を示す指標として、合計特殊出生率と並び、よく目にする0～14歳の子ども人口比率はどうだろう。

全国平均の13・2％に対し、東京都は11・4％。これも47都道府県の最下位である。23区に絞ると、さらに東京都の平均を下回る10・8％。ここからも東京の少子化の実態が浮かび上がってくる。

子ども人口の比率が東京都に次いで低い秋田県は、65歳以上の高齢者の割合（高齢化率）が全国で一番高い。逆に、子ども人口比率が一番高い沖縄県は、高齢化率が最も低い。ところが、東京都は高齢化率も、沖縄県、神奈川県、愛知県に次いで全国四番目の低さを示す。23区の高齢化率は、もっと下がって全国で二番目に低い神奈川県と肩を並べる。

「少子高齢化」とは、言うまでもなく子どもが減って高齢者が増えることを指す。しかし、東京は子どももお年寄りもどちらも少ない。理由は簡単だ。東京の最大の魅力は働く機会が多いことであり、その結果として、15〜64歳のいわゆる生産年齢人口が多い。子ども人口比率が低いのは、この相対的結果に過ぎない。

わが国の子ども人口は、10〜14歳が５９２万人、５〜９歳が５５９万人、０〜４歳が５３０万人と、年少者ほど数が少なくなる。だんだん子どもの数が減っていくのだから、まさに「少子化」である。

一方で東京23区は10〜14歳が31万人、５〜９歳が同じく31万人、０〜４歳が33万人で幼児になるほど人口は多くなる。１歳刻みで細かく見ると、もっとはっきりしてくる。図表２では全国値と比較しやすいよう、０〜14歳の子ども人口全体を１００として指標化してみた。

図表2　子ども人口ピラミッド

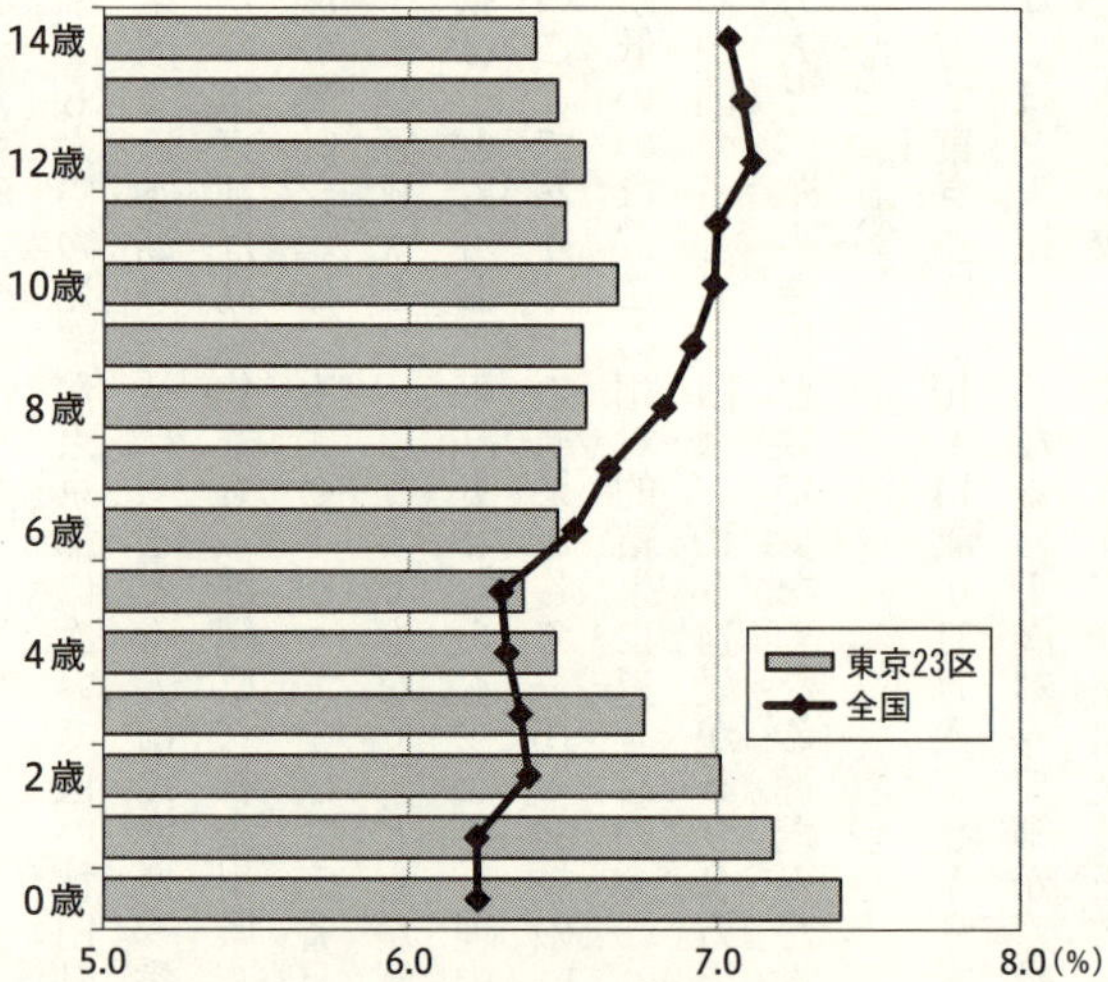

＊0〜14歳人口を100としたときの各歳人口の割合。
出所：『国勢調査』

全国平均と比べ、東京では5歳以下の幼児の占める割合が大きいことがよくわかるだろう。

ここでもうひとつデータを紹介したい。

全国の子ども（0〜14歳）の数について、2000年と2010年を比べると、ほぼ鹿児島県の人口と等しい167万人（9・0％）も減少した。ところが、この10年間に子どもの数が増えた都道府県がふたつだけある。

ひとつは神奈川県の0・3％増。

そしてふたつ目が東京都。こちらは4・0％増。23区で見ると、これをさらに上回る５・１％の増加を示す。

０～４歳の幼児人口に着目すれば、もっと顕著だ。全国の10・３％減に対し、東京23区は８・２％増。少子化どころか、子どもも東京に一極集中している。

23区に子どもが増えた理由

合計特殊出生率が低い東京で、なぜ子どもが増えているのか。

それは、人口の社会移動がもたらした結果だ。東京は先述のとおり、人口が増えている。人口が増えれば、子どもも増える。

とりわけ、東京には20代後半から30代前半の若い世代が多い。この世代の占める割合は全国平均の12・３％に対し、東京23区は16・３％で、その差は１・３倍を超える。近年、東京の人口増の中心を担っているのもこの世代だが、彼らはちょうど幼児の親の世代にあたる。親の世代が増えたから、子どもの数も増えたのだ。

経済学に「ストック」と「フロー」という考え方がある。人口の動向に関していえば、ストックとは自然増減に関すること、フローとは社会増減に関することと言い換えることができるだろう。これに照らすと、少子化とは「ストック」の問題である。

ストックをこれ以上減らさないために少子化の流れを変えないと、日本の未来が危ういということに異論はない。しかし、この難題に一地方公共団体が対応できる範囲には限界がある。その一方で、魅力あるまちづくりを通じ、社会増を生み出すというフローへの対応は、どこだろうと努力次第で成果をあげることができる。

少子化のような問題は、国家施策としてのストックの課題への対応と、地方施策としてのフローの課題への対応が両立したとき、はじめてバランスのとれた答えを導き出すことができる。逆に、これらの課題を混同したり、取り違えたりしてしまうと、思わぬ落とし穴にはまり込んでしまう。

PART2 「高齢化」というウソ

高齢化が止まった千代田区、中央区、港区

少子化と並び、日本の未来に大きな影を落とすのが高齢化だ。国連の定義では、高齢化率が21％を超えると「超高齢社会」と呼ぶ。

２０１０年のわが国の高齢化率は23・０％。東京23区は20・２％。国全体ではすでに超高

齢社会に突入し、東京23区も一歩足を踏み入れた状態にある。

もっとも、先進国が高齢化していくのは、ある意味でやむを得ない面もある。『国連統計』によると、２０１０年のイタリア、ドイツの高齢化率はともに20・４％。日本ほどではないにしても、やはり高齢化が深刻であることに変わりはない。

日本の高齢化問題は、比率の高さ以上にそのスピードの速さに特徴がある。１９９０年から２０１０年までの20年間で、高齢化率が12・１％から23・０％へと約11ポイントも上昇。同じだけ高齢化率が上がるのに、イタリアは50年、ドイツでは60年以上を要している。

繰り返すが先進国である以上、高齢化率は年々上昇していく。それが常識だ。ところが東京には、常識に反し、近年高齢化率の低下している区がある。いわゆる都心３区と呼ばれる千代田区、中央区、港区だ。

なぜ都心3区で高齢化率が下がったのか

バブル崩壊直後の１９９５年。都心３区は就業者であふれる華やかな昼の顔とは裏腹に、地上げの嵐に追い立てられて、夜間人口、つまり常住人口が減少を続けていた。そして高齢化率は、23区の平均はもとより全国平均をも大きく上回っていた。

図表3　都心3区における高齢化率の変化

		高齢化率				対5年前人口増加率（%）	
		実数（%）		23区中の順位			
		1995年	2010年	1995年	2010年	1995年	2010年
千代田区		20.2	19.2	1	16	▲11.9	12.8
中央区		17.6	15.9	3	23	▲6.1	24.8
港区		16.3	17.2	6	22	▲8.6	10.4
参考	23区計	13.8	20.2	—	—	▲2.4	5.4
参考	全国	14.6	23.0	—	—	1.6	0.2

出所：『国勢調査』

23区中の順位を見ると、当時、千代田区が1位、中央区が3位、港区も6位。人口減少と高齢化の進展のダブルパンチは、東京の中の「過疎」とも呼び得る状況をもたらしていた。しかしその都心3区の高齢化率が、２０１０年には全国平均を下回る水準にまで下がっている。23区内で見ても、順位は千代田区が16位、中央区は23位、港区は22位。わずか15年間で、高齢化に悩むまちから、東京の中でも指折りの若いまちへと姿を変えたのである（図表3）。

ランキングだけではない。図表3を見ればわかるとおり、千代田区と中央区では実数も下がっている。

その理由は、第一義的には人口が増えたからだ。年を取るほど引っ越しをする人は少なくなる。引っ越しをするのは若い世代が多い。このため、人口が増えることは、まちが若返ることを意味する。そうなれば高齢化率が改善されるか、改善されないにしてもその進行が抑制される。逆に人口が減ると、高齢化が進む。これが常識的なメカニズムだ。

しかし、23区の高齢化進展度（2010年と2005年の高齢化率の差）を詳細に見ていくと、そう単純ではないことがわかる。

高齢化の特効薬は「新陳代謝」

図表4を見てわかるとおり、2005～2010年の間に23区中6位の人口増加率を示した足立区。しかしここでの高齢化進展度は、23区平均（1・4ポイント）を大きく上回る2・4ポイントにもなる。これは杉並区、江戸川区に次いで高い（本項末の注に記すように、杉並区は特異値と考えられ、これを除くと二番目の高さになる）。

同様に人口増加率5位の江東区も、高齢化進展度は1・8ポイントと、23区の平均を超えている。逆に、人口増加率が最も低かった渋谷区の高齢化進展度は1・1ポイントで、23区平均を下回っている。なぜこうした現象が23区に起きているのだろうか？

都心3区の人口増は、その圧倒的多数が社会増（転入－転出）によるもの。『国勢調査』から2005～2010年の転入率（2010年の居住者に占める、2005年には区外に

図表４ 総人口の増加率（2010年/2005年）

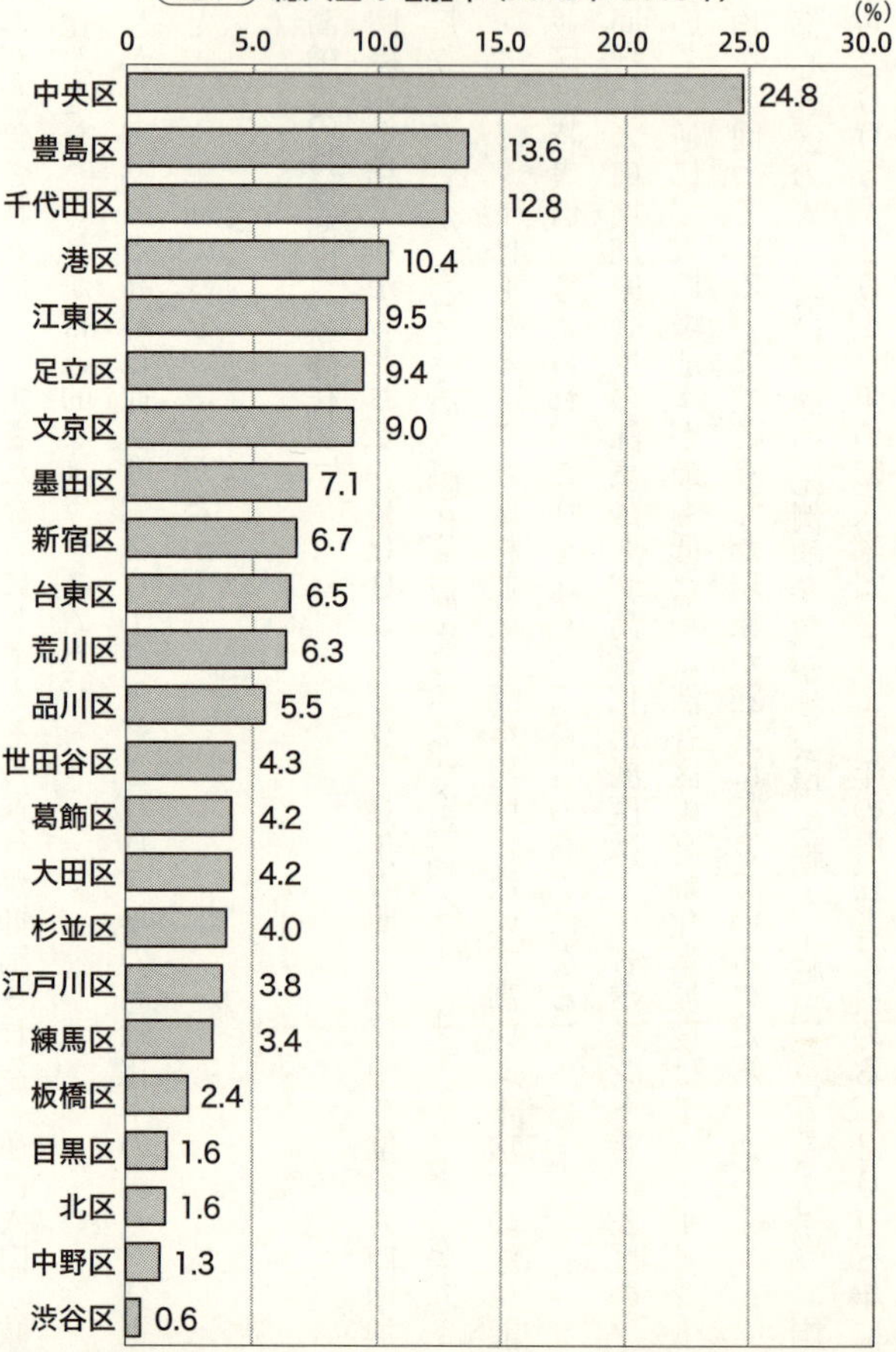

出所：『国勢調査』

住んでいた人の割合）と転出率（２００５年の居住者に占める、２０１０年には区外に引っ越した人の割合）を求め、その順位を見てみよう。

転入率の１位は、人口増加率が最も高い中央区で、２位が千代田区、３位が港区。ここまでは常識どおり。では、転出率の１位はといえば、千代田区。港区は４位、中央区も７位と高位にランキングしている。都心３区は、転入も多いが転出も多い。

同様の傾向は渋谷区にも指摘できる。転出率が２位にのぼると同時に、転入率も８位。

この結果が示すように、渋谷区には人の出入りが生み出す活発な新陳代謝が存在する。新陳代謝が活発とは、まちの内部が常にかき混ぜられている状態にあることを指す。その動きが常にまちの活力を再生産し続け、若い人たちを惹きつける魅力を高めている。結果として、高齢化の進展が抑制されているのだ。

逆に、足立区は転入率、転出率ともに23区の最下位。人口は増えているが、いわば上澄み部分が増えているだけで、新陳代謝に欠けている。江東区も、転入率は６位を示すものの、転出率は22位。やはり新陳代謝が弱いのだ。

これらの事実は、まちの新陳代謝を生み出すことが、高齢化対応の特効薬になることを示している。もちろん、全国レベルで見ると高齢者は一方的に増えていくのだから、どこかで高齢化の進展が抑制されると、別のどこかがそのしわ寄せを受け、格差が拡大することになる。格差を否定するのなら、子どもを増やして分母を大きくするしかない。

繰り返しになるが、まちに新陳代謝を生み出すのはフローの課題である。一方、子どもを増やすのはストックの課題だ。両者のバランスを図ることの大切さがここにも示されている。

【注】2005~2010年の高齢化進展度が23区で最も高かったのは杉並区で、その値は4・2ポイントにのぼり、2位の江戸川区(2・7ポイント)を大きく上回った。一方、『住民基本台帳』の人口による同期間中の杉並区の高齢化進展度は、23区中10位の1・7ポイントにとどまる。『国勢調査』の人口と『住民基本台帳』の人口とでは定義に違いがあり、両者を単純に比較することはできないが、それでもこの差は大きすぎる。この理由として、杉並区では、2010年の『国勢調査』で「年齢不詳」が14%(およそ7人に1人の割合)にのぼったことの影響が考えられる。一般に、年齢を答えない人は若い世代に多く、従って「年齢不詳」が多くなると、見かけの高齢化率が高くなるという傾向がある。

同じように、2005年の『国勢調査』では、豊島区と練馬区の「年齢不詳」がともに7%にのぼっていた。その結果、豊島区と練馬区でも、『国勢調査』と『住民基本台帳』で、高齢化進展度にやはり大きな差が生じている。

『国勢調査』は、国や地方の施策の基本となる、わが国の最も基本的な統計である。しかし、このように必ずしも万能といい難い部分も含まれることに、留意しておく必要がある。

PART3 「人口増の中心は山手エリア」というウソ

東京に山の手と下町ができた理由

都市と呼ばれ、集積が生まれているまちには、どこにでも「山の手的」なエリアと、「下町的」なエリアがある。だが、東京ほどこの両者の存在が際立つところも珍しいだろう。

武蔵野台地と江東デルタで構成されている東京は、地形の高低が明快だ。ほぼ京浜東北線のラインを境にして、西は山の手、東は下町と大きく区分できる。

とはいえ、山の手も下町も、その代表的なまちは時代とともに変化してきた。

江戸時代の下町の代表は、神田（千代田区の北東部）、日本橋（中央区北部）。江戸も中期以降になると、本所（墨田区南部）、深川（江東区北西部）が新たな下町として発展を遂げる。

「下町＝庶民のまち」というイメージは、このときでき上がった。近代以降、東京の発展と歩みを合わせるように、下町エリアも拡大していく。メインのベクトルは北東方向。高度成長期のころには墨田区から荒川区あたりが下町の代表とされた。今は、寅さん、両さんを擁する葛飾が下町の代表だろうか。

山の手は、江戸時代には大名屋敷をはじめとした高級武家地という、ある種の閉ざされた世界だった。これが明治・大正の時代に、住宅地へと姿を変える。

その中心は港区と文京区。だから、この両区を取り巻いて走る電車を山手線という。昭和になると、山の手も拡大を始める。主要なベクトルは、下町とは180度異なる南西方向。こうして渋谷区南西部から目黒区、世田谷区、杉並区南部などを中心とした、今日の山の手エリアが形成されていった。

株式会社リクルート住まいカンパニーの『2015年版 みんなが選んだ住みたい街ランキング 関東版』では、「住みたい行政区市ランキング」が公表されている(対象者:関東圏在住の20~49歳の男女、回答数:3千、調査期間:2015年1月23日~26日)。

トップ10の5位に武蔵野市、8位に鎌倉市が入るものの、残りはすべて23区。トップ3は、1位世田谷区、2位港区、3位目黒区で、この順位は2013年以降変わらない不動の人気だという。

前記3区以外でトップ10に名を連ねる23区の顔ぶれは、ランクが高い順に、文京区、杉並区、千代田区、渋谷区、中央区。京浜東北線で東京を東西に分けた東側の下町エリアでは、ようやく10位に中央区が顔を出すにとどまる。

トップ20にまで範囲を広げると、16位の江東区が下町エリアの二番手。

ただし、中央区は下町というより都心だし、江東区もおそらく湾岸のウォーターフロント地区がイメージされていると考えられるから、都心とひとつながりの位置にある。純然たる下町エリアに限れば、27位の江戸川区まで待たねばならない。

なお、公表されているのは上位30位までで、この中に入っていない、ランク外の区が六つある。台東、墨田、北、荒川、足立、葛飾だ。そのほとんどすべてが下町エリアに集まっている。住みたいと思うかどうかという点での「山の手vs.下町」の勝負は、山の手の圧勝といっていい。

「山の手vs.下町」勝負のゆくえ

では実態はどうなのだろうか。40ページの図表4で、2005〜2010年の人口増加率を記したが、実は、2011年3月11日の東日本大震災以降、東京23区の人口動向には大きな変化が生じている。ひと言でいえば、足立区、葛飾区、江戸川区の東部3区を敬遠する傾向である。その詳細は次章に譲ることとして、ここでは震災の影響を除いた東京のトレンドを考えることにしたい。

まず目につくのは、都心部への著しい人口増加傾向だ。

人口増加率5位の江東区は、概ね京葉線沿線以南にあたる湾岸部での人口増加率が33％にのぼるのに対し、内陸部は4％にとどまっている。これは先述したとおり、都心とのつながりの中で人口が増えているのだ。7位の文京区も、東京の中心エリアの一角を占めることを考えると、やはり都心の動きとつながっているといえるだろう。

人口増加率2位の豊島区。こちらは、大きく分けると山の手エリアに属するものの、代表的な山の手かというと疑問符がつく。さらに豊島区の人口増加は、外国人の急増に支えられたものと考えられ、他の区とは少し意味が異なる。

リクルート住まいカンパニーの調査で人気が高かった渋谷区、目黒区、杉並区といった代表的な山の手エリアは、いずれも下位。なお、後述するとおり、渋谷区は近年人口増加が著しいが、この動きは渋谷駅前地区の再開発と連動したものであり、同区の山の手的特性によるものというよりも、中心エリア的な特性によっているものと考えられそうだ。

一方、下町エリアでは、足立区が6位、墨田区も8位にランクインするなど、総じて山の手エリアよりも上位に位置する区が多い。

ミクロな視点で見ると、各区の細かい事情が影響を及ぼしてしまうので、マクロで把握するため、23区を3分割し、人口増加率を再集計してみよう。

都心3区と文京区および江東区湾岸部を「中心エリア」、中心エリア以外の京浜東北線より西側を「山の手エリア」、同じく中心エリア以外の京浜東北線より東側を「下町エリア」に分ける。結果は、中心エリアが15%、山の手エリアが4%、下町エリアが6%。中心エリアの圧勝だが、現実の人口動向という点で「山の手 vs. 下町」の勝負に着目すると、下町エリアに軍配が上がる。

リクルート住まいカンパニーの調査結果は、私たちが普段考えている常識を鏡のように映し出してくれる。しかし、まちは生きている。生きているから、常識どおりの結果になるとは限らない。

人口動向というきわめてベーシックな動きにも、いやベーシックであるからこそ、より本質的な「常識のウソ」が表れてくる。

PART4 「定住こそが発展の礎」というウソ

団地問題から見る定住信仰の崩壊

「定住できるまち」とは、不動産広告のキャッチコピーとして定番だ。それ以上に、市区町村の施策においても、定住こそが絶対的な到達点とされる。こうしていつしか私たちの意識も「定住信仰」に縛られてきた。

なるほど、定住は右肩上がりの時代には意味を持っていた。安心して長く住める、住む価値がある、そんなまちこそが高い価値を持ち得た。しかし、社会全体がシュリンクを始めると、定住の負の側面が一気に顕在化してくることがある。「団地問題」はその象徴だ。

たとえば、東京都北区の赤羽台団地。1962年に、日本住宅公団（現：UR都市機構）が造成した、23区のマンモス団地第1号である。

標準間取りは2DK。当時、多くの日本人の生活は、ちゃぶ台を囲んで食事をし、夕食が終わるとそれを片づけ、そこに布団を敷いて眠っていた。そんな人たちにとって、ベッドルームとダイニングルームが別々という暮らしには、アメリカ映画を見るような、あこがれの世界が広がっていた。

それから50年。赤羽台1丁目の高齢化率は51・7%。14歳以下の子ども人口比率は、わずかに1・5%。新陳代謝がないままに定住が進んだ結果が、子どもの姿が消えたまちを生み出してしまった。

団地問題は、限られた場所での特殊な課題ではない。まち全体で団地問題と同様の現象が起こる可能性が、目の前に迫りつつある。なかでも山の手住宅地区は、その危惧が強い。

大正の末から昭和の初めにかけて、東京の南西部では郊外私鉄の整備が急速に進んだ。東急目蒲線（現：目黒線）が開通するのが1923（大正12）年のこと。東急東横線、小田急線、京王本線の全線開通は、いずれも1927（昭和2）年。井の頭線が1933年。畑の中に駅ができ、駅の周りに都心に通うサラリーマン向けの住宅地が造成されていく。田園調布だって、当初のコンセプトは中堅サラリーマンをターゲットにしていたのだ。

当時の住宅は、庶民向けでも敷地100坪はあたり前。150～200坪も珍しくはなかった。山の手高級住宅地の原型は、こうして産声を上げる。

ところが、ほどなく戦争が始まり、東京は焼け野原からの再出発を余儀なくされる。戦後に整備された山の手住宅地は、敷地が少し狭くなったものの、それでも75～100坪くらいは十分にあった。

アニメ『サザエさん』が住むまちは、作者の長谷川町子が住んだ世田谷区の桜新町をモデルとするのはよく知られたところ。サザエさんの家は、２世帯７人家族が暮らす庭つき一戸建て。しかも平屋だ。

物好きな人が計算したところによると、敷地は93坪。波平は、医者でも高級官僚でも大会社の重役でもなく、中堅会社の中間管理職に過ぎない。それでも、敷地１００坪の家に住んでいたことになる。

サザエさんはアニメだから、登場人物は年を取らないし、家も古くならない。しかし、現実世界は、人にも家にも寿命がある。わが国の木造住宅の寿命は30年といわれるが、実際にはもう少し長持ちするようだ。

それでも35年から40年も経つと老朽化が目立ち、小手先の修復では済まなくなる。それ以上に、家の造りが時代に合わなくなり、どうしようもなく住みにくくなる。ここに、ちょうど同じサイクルで人の問題が加わってくる。

「定住」に苦しむ山の手ブランド

『国勢調査』のデータから、20年以上の定住者（現住所に20年以上住み続けている人）の割合を見ると、50代後半を境に急増を示す。現在50代後半の人の20年前というと30代後半。進学、就職、結婚などを機に、それまで引っ越しを繰り返してきた人も、そのあたりの年代から定住を始める。

持家の購入者もこの年代が多い。具体的なきっかけは、長子の小学校入学。なぜ長子かというと、上の子も下の子も転校させないで済むからだ。

こうして30代後半〜40代の初めに持家を購入した人も、35〜40年の時を経ると、そろそろ平均寿命が近づいてくる。不幸にして相続となったとき、世田谷区に１００坪の家となれば、これはもう大変。売ろうとしても、買い手はそう簡単に見つからない。

戦前から戦後の初めに移住してきた山の手第1世代のときは、ストックが生きた。１００坪なら売れなくても、３分割なり４分割なりすれば買い手がついたからだ。

とはいえ、限度を超えて細分割されてしまうと、まちの環境が悪化する。そこで世田谷区が「小規模宅地開発指導要綱」を定め、ミニ開発の抑制を始めたのは１９８０年。戦後35年目のことであった。

1回目のサイクルはこれで何とかしのぐことができた。しかし2回目のサイクルとなるとそうはいかない。土地は、もう切り刻みようがない。子どもが家を建て直して住んでくれれば丸く収まるが、マンションがいいとなればそれまでだ。住宅余りの時代だから、果たしてうまく買い手が現れるどうかも不安が残る。

その結果どうなるか。まるで歯が抜けたように、無住の家をあちこちに生み出してしまう。更地にするには費用がかかるし、とりあえず家を建てたままにしておけば固定資産税が最大で6分の1に減免される。だが空き家の発生は、犯罪や火災の危険度を高め、まちの風紀を悪化させてしまう。

空き家問題は、団地問題の「まち版」である。この最悪のシナリオが23区の中で具体化するリスクが最も高い場所、それが定住先として屈指の人気を誇る山の手エリアにほかならないのだ。

こうした23区の非常識な「常識」を、ぜひ頭の片隅において第2章以降を読み進めてもらいたい。

第2章

ニーズで読み解く23区格差

代表的なニーズから23区格差を読み解く

インターネット上では、23区の「まち情報」が花盛りだ。試みに「東京23区　子育て」と入力して検索ボタンをクリックすると、「どの区の子育て支援策が手厚いか」「子育てしやすいのはどのまちか」といった情報がズラリと出てくる。

よくよく見ると、その多くは不動産会社が発信元なのに気づくだろう。今や不動産業界は、物件を売ることより以上にまちの情報を売ることに力を入れる、情報産業化の道を突き進んでいる感すらある。

いずれも力作ぞろいで中身も濃いが、あまりに量が膨大すぎて、戸惑ってしまうのも事実。しかも物件を売ることに主眼がおかれているので、よい点ばかりが書かれ、悪い点に触れることはあまりない。

そこでこの章では、23区格差の入門編として、多くの人が日常的に関心を示す代表的なニーズ、テーマに的を絞り、データに裏づけられた格差の実態を描いていくことにしたい。「子育て支援が手厚い区は」「病気になっても心強い区は」「便利な暮らしができる区は」「シルバーパワーがみなぎる区は」「災害時にも安心・安全な区は」「交通事故・犯罪リスクの低い区は」の6種だ。

PART1 子育て支援が手厚い区は

幼児が増加する港区・品川区・世田谷区、小中学生が激減する北区

第1章で紹介したように2000〜2010年の10年間で、0歳から4歳の幼児人口は全国平均で10・3%減ったのに対し、東京23区では8・2%増加した。『国勢調査』は便宜上年齢を5歳で刻むが、私たちが通常考える「幼児」とは、0歳から5歳の未就学児を指す。そこで、以下では幼児の定義を6歳未満に改めることにする。結果は大きく変わらない。過去10年間の増加率は、全国平均のマイナス10・6%に対し、東京23区は6・9%のプラスとなる。

こうした差が生まれる大きな要因に、総人口の増加率の差（全国平均＝0・9%、東京23区＝10・0%）が存在することも、先に記したとおり。つまり、23区での幼児人口の大きな増加は、実は総人口の増加というゲタをはいている。

「ゲタ」の部分を除くには、幼児人口増加率を総人口増加率で割り、「幼児人口増加特化

度」を求めればいい。この数値が１・０以上だと、総人口の伸びよりも子どもが目立って増えたことになる。０〜１・０は子どもの数は増えたものの、総人口の伸びと比べると伸び悩んだことを、マイナスは子どもが減ったことを示す。

結果は図表５のとおりだ。ひと目でわかるとおり、「勝ち組」と「負け組」が真っ二つに分かれている。増加特化度が１・０以上の「Ａグループ」が13区。マイナスの「Ｃグループ」が９区。中間領域の「Ｂグループ」は新宿区だけしかない。

増加特化度が高い区には、ふたつの特徴がある。

ひとつは東京の中心エリアに位置する区だ。これらは人口増加が著しい区でもある。もうひとつは次章で取り上げる「三高」の区。中心部に位置する年収、学歴、そして職業の三つが高いレベルにある「三高」の区の中で、渋谷区だけは「Ｃグループ」に属するが、これは同区の総人口増加率が低かったから。近年の渋谷では、人口の増加と歩を合わせ、幼児の数も目立って増加していると推測される。

幼児が減っている「Ｃグループ」には周辺区が目立つ。だが、「中心部＆三高＝勝ち組」「周辺部＝負け組」と単純に分けてしまえないところもある。たとえば、増加特化度が最低の中野区。

図表5 幼児人口増加特化度（2010年/2000年）

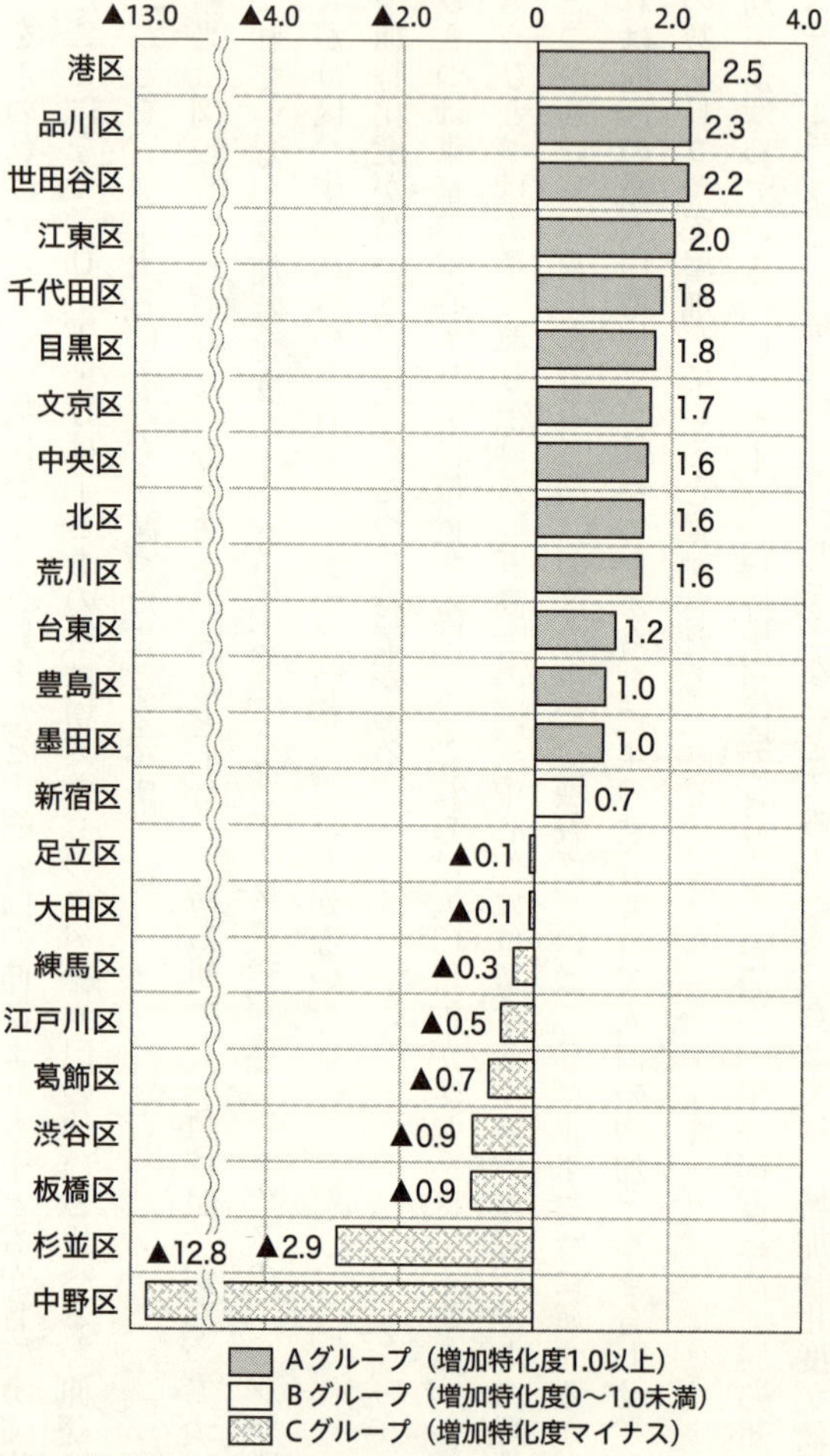

出所：『国勢調査』

ここは独身者が多く集まる若者のまちと、成熟した大人のまちというふたつの性格が並び立つ区である。この狭間で、幼児の存在はエアポケットに陥ってしまった感がある。幼児人口増加特化度と同様の計算で、「小学生人口増加特化度」を求めてみても、中野区は最下位。幼児人口増加特化度が下から二番目の杉並区も、中野区と似た性格を持つまちと言えるだろう。

小学生人口の動きからも、例外が顔をのぞかせてくる。小学生人口増加特化度は、「Ａグループ」＝８区、「Ｂグループ」＝７区、「Ｃグループ」＝８区で、幼児と比べ「Ａグループ」が少なくなるのがわかる。

「Ａグループ」の中で増加特化度１・５以上を「超Ａグループ」と名づけると、違いはもっとはっきりしてくる。「超Ａグループ」の数は、幼児人口の10区に対し、小学生人口は２区。圧倒的な勝ち組が少なくなり、差が平準化してくるのがわかる。

とはいえ、中心エリアの区や三高の区で子どもが増えているという大きな構造は、幼児も小学生も変わりがない。そんな中で、江戸川区は、増加特化度が幼児のマイナス０・５から小学生は１・５に、ランクは18位から２位へと跳ね上がる。中学生になるともっと顕著で、増加特化度は２・０と、２位の千代田区（０・７）を３倍近く上回る「ひとり勝ち」の状態を示すようになる。

逆に、幼児人口増加特化度が1・6（9位）と「勝ち組」の一角を占める北区は、小学生ではマイナス0・9（20位）、中学生になるとマイナス6・5（22位）に急落する。北区は周辺部に位置し、かつ所得水準は21位の区だから、幼児人口増加特化度が高い方が例外といえなくもないが、それにしても落差が大きすぎる。

詳しくは第4章に譲るが、こうした江戸川区や北区の動きも、まちの構造的特徴によって生み出された結果である。

品川区で子どもの数が増えている理由

再び図表5に戻ろう。実はもうひとつ、例外の区がある。幼児人口増加特化度が2位の品川区だ。

品川区には御殿山、池田山、島津山、長者丸などの超高級住宅地もあるが、区の面積の約四割を準工業地域が占めることに象徴されるように、住・商・工が混在した下町的なイメージが強い。2000～2010年の人口増加率も11位で、23区の中位にとどまる。

その品川区でなぜ子どもが増えているのか？　まず特筆すべきは、同区の学童保育の充実度だ。『東京の児童館・学童クラブ事業実施状況』を見ると、品川区の学童クラブ登録児童数（２０１４年）は約5千４７０人。2位の世田谷区（約4千５００人）を千人近く上回る。

学童保育の対象年齢は、「子ども・子育て支援新制度」に基づき、２０１５年4月以降、従来の概ね3年生までから6年生までに引き上げられた。一方、品川区ではそれ以前から、4年生以上もニーズに応じた幅広い受け入れを行っており、２０１３年の時点でも登録児童における4年生以上の割合が3分の1を占めていた。

かといって、3年生以下をおろそかにしているわけではない。1～3年生の登録率（登録児童数／公立小学校在籍児童数）は、23区平均の29・1％に対し、品川区は50・8％にのぼる。この数字はもちろん23区中、1位である（学年別の数値は２０１３年値）。

今や全国に広まった「八三運動」も、品川区を発祥の地とする。とは言っても「区発」のものではない。２００５年、当時の区立小学校ＰＴＡ連合会長の発案で始まった「地域発」の取り組みである。「八三運動」とは、朝の8時と昼の3時に、犬の散歩でも買物でも何でもいいから、ともかく家の外に出ようというもの。なぜ8時と3時かというと、子どもの登下校時間だからだ。

地域全体で子どもを見守ろうというこの運動は、まさにコミュニティパワーそのものに立脚している。区も負けてはいられないと、同じ2005年から、「近隣セキュリティシステム（愛称：まもるっち）」をスタートさせた。

東京23区では、現在すべての区で、小学生に防犯ブザーが配られている。品川区の「まもるっち」は、これにGPS機能を搭載した、いわゆる「キッズ携帯」の一種だが、注目すべきはそのシステムにある。

子どもが発したSOSは、区のセンターを通じて発信地点近くの登録ボランティア協力員に送信される。協力員は、自治会や商店街やPTAの人などで、その数は約1万3千人に及ぶ。単純計算でおよそ40メートル四方に1人の協力員がいることになるから、誰かがすぐに現場に駆けつけることができるのだ。

「火事だ！」と119番通報しても、消防車が到着する前に地元の人たちのバケツリレーで火事が消し止められる。これと同じことが起こる。言ってしまえば単純なことながら、これぞ究極の子育て支援と呼んでいい。

PART2 病気になっても心強い区は

単純な診療所数では世田谷区が1位だが

医療施設は、クリニック（医院）と病院に大別される。

ちょっと体調を崩したときなど、普段の健康維持でお世話になることが多いのは、診療所の方だろう。『東京都の医療施設』によると、２０１３年10月1日現在で診療所の数が23区で一番多いのは世田谷区。

「やっぱり世田谷区！」などと感心するのはいささか早計である。世田谷区の人口は約88万人。47都道府県の中に世田谷区より人口が少ない県が七つもある。規模が大きいのだから、数が多くなるのはあたり前といえばそれまでだ。

各区の実力をきちんと評価するには、何かで割って標準化する過程が必要となる。では何で割るか。これがなかなか難しい。最も基本的な標準化指標とされ、統計書でも目にすることが多いのは人口（夜間人口）で割るという方法だろう。

だが東京23区の場合、人口あたりにすると今度は千代田区が何でも一番になってしまうという問題が出てくる。というのも、千代田区の夜間人口は２０１０年の国勢調査で5万人に満たないが、昼間人口は82万人を数える。このため、昼間人口に対応して集積しているものを夜間人口で割ると、数値が大きくなってしまうのだ。

たとえば歯科診療所の数を夜間人口で割ると、千代田区は23区平均の7・5倍、2位の中央区と比べても2倍を超える数になる。しかし遠距離通勤のサラリーマンの中には、仕事の合間や帰宅の前に、都心の歯医者に通う人も珍しくないので、単純に多いとか少ないとか断定しにくくなる。診療所は科によって、小児科のように夜間人口に対応するものもあれば、歯科医院と同様に昼間人口に対応する傾向が強いものもある。

こんなとき、万能な方法として、面積で割るという手法がある。ただし、この方法が使えるのは、東京のようにほぼ全域が市街化されている場合に限られる。たとえば静岡市などは、わが国第四の高峰、間ノ岳の頂上までを市域に含んでおり、山林・原野や湖沼を除いた可住面積が市域に占める割合は25％にも及んでいない。

同様に、東京でも注意が必要だ。住もうと思えば住むことはできても、実際には人が住んでいない場所がある。特に江東区のウォーターフロントエリアには、区域の約3割にあたる「無住の地」が存在する。このため面積で割って標準化した場合、江東区についてはさらに0・7で割って比較しないと、実力を過小評価してしまう恐れがあるなど、とてもややこしい。

診療所の集積密度1位の中央区、病床数1位の板橋区

さて、診療所の数を面積で割って比較すると、トップは中央区。以下、千代田区、渋谷区、港区、豊島区と続き、中心エリアで診療所の集積密度が濃いことがわかる。

逆に足立区、江戸川区、大田区、葛飾区などの周辺区は診療所の集積密度が低い（以下、次ページの図表６参照）。ちなみに江東区は、単純面積割計算では21位だが、「無住地」の存在を考慮すると、23区の「中の下」あたりまでランクが改善される。

診療所集積の実力が数で測られるのに対し、病院の実力は量で測られる。代表的な指標は病床数だ。23区で一番病床数が多いのは板橋区。２位の足立区の１・５倍を超える。

これだけ圧倒的な1位なら、面積や人口で割って標準化するまでもない。日大、帝京大のふたつの大学病院のほか、旧都立の病院、民間の大病院など、板橋区の病院はバラエティに富んでいる。

３位以下は、新宿区、世田谷区、文京区と続く。２位の足立区と4位の世田谷区は、人口の多いことが、病床数の多さの背景にある。一方、新宿区と文京区は大学病院のメッカだ。新宿区には慶應大、女子医大、東京医科大の附属病院が、文京区には東大、医科歯科大、順天堂大、日本医科大の病院が集まる。

図表6 医療施設の集積（上位・下位各5区）

（2013年10月1日現在）

指標	面積あたり診療所数		病床数		病床100床あたり看護師数		病院平均在院日数	
単位	（所/㎢）		（床）		（人/100床）		（日）	
1位	中央区	47.0	板橋区	9,838	中央区	107.6	足立区	34.9
2位	千代田区	39.5	足立区	6,351	文京区	92.3	板橋区	29.1
3位	渋谷区	34.0	新宿区	6,304	港区	85.8	練馬区	28.5
4位	港区	33.8	世田谷区	5,726	新宿区	85.3	台東区	26.6
5位	豊島区	32.4	文京区	5,346	千代田区	84.6	世田谷区	25.7
⋮	⋮		⋮		⋮		⋮	
19位	葛飾区	9.9	中野区	1,999	板橋区	58.0	文京区	14.4
20位	大田区	9.6	豊島区	1,714	中野区	57.5	新宿区	13.5
21位	江東区	9.6	荒川区	1,543	豊島区	57.0	港区	11.6
22位	江戸川区	8.2	中央区	1,219	練馬区	50.4	中央区	11.4
23位	足立区	7.7	台東区	1,079	足立区	41.9	千代田区	10.9
参考	23区計	15.6	23区計	79,251	23区計	67.4	23区計	18.9

＊看護師数は准看護師を含む常勤換算値。
出所：『東京都の医療施設』（東京都）

平均在院日数と看護師数が示すもの

病院は質も気になるところだ。医療水準はデータでは測れないが、看護師の充実度なら統計から読み取ることができる。

病床100床あたりの看護師数（准看護師を含む常勤換算値）は、上から中央区、文京区、港区、新宿区、千代田区の順で、中心部圧勝の感がある。

しかし中心部の病院には落とし穴がある。患者の平均在院日数が押しなべて短いことだ。看護師が多いから早く治るのならいいが、そう単純ではない。待機患者が多いのかというとそうでもなく、病床の平均利用率は各区とも75～80％程度で収まっており大きな差がない。

推測の域は出ないが、中心部の病院は経営の効率性を重視し、患者を早めに退院させて回転率を上げているとしたら、これは結構考えものだろう。逆に看護師が少ない区は、平均在院日数が長いという傾向が見られる。図表６では省略しているが、平均在院日数４位の台東区は病床あたりの看護師数が18位、５位の世田谷区は同17位と、やはり看護師が少ない。

早めに退院を迫られる可能性があるにしても、看護師数の多い病院を選ぶか、中心区に比べて多少看護が手薄い可能性はあるが、長く入院できる方を選ぶのか。これからの時代、家族の意見も聞いて、賢く考える必要がありそうだ。

PART3　便利な暮らしができる区は

東京の人々を支える商店街パワー

阿佐ケ谷駅と杉並区役所を結ぶパール商店街。延長約７００ｍの活気あふれるアーケード商店街だ。

筆者が商店街の散歩を楽しんでいたら、スーツをバッチリ着こなした40代と思しき2人組の女性が交わす、「こんな商店街のあるまちで暮らしたいね」という声が聞こえてきた。

シャッター通りが叫ばれて久しく、最近は「買い物難民」なる言葉もよく耳にする。ところが東京23区には、全国有数ともいえる商店街の活力が維持されている。これは東京の魅力のひとつだろう。

2013年の『東京都商店街実態調査』によると、23区の商店街数は実に約2千か所もある。人口1万人あたり2・2か所の商店街がある計算だ。同じ東京都でも、多摩地域の市部は人口1万人あたり1・5か所。23区の方が5割も多いことになる。

なるほど23区には、大きな売り場と大きな駐車場を必要とする総合スーパーが少ない。しかしその代わりに、数多くの食品特化型のスーパーがひしめき合っている。これらと時に競合しながら、時に共存共栄を図りながら、東京の商店街は人々の暮らしを支えているのだ。

小売業の基本データとなる『商業統計』は2014年に実施されたが、結果はまだ公表されておらず、現時点で入手できる最新データは2007年値である。生き馬の目を抜く小売業の世界で、8年前のデータでは何とも古すぎる。

一方で筆者は、2010年12月から翌11年6月まで、ダイヤモンドオンラインに『東京23

区の商店街』と題した記事を連載していた。連載にあたっては、23区内の主要な商店街を実地調査するとともに、区の担当者や商店主の方々のお話を伺った。そのときの取材結果をベースにして、商店街を切り口とした23区の生活の便利さをのぞいてみることにしよう。具体的なデータがないため、少々の主観も混じるがそこはご容赦願いたい。

商店街が元気な区、そうではない区

23区には、銀座通りや日本橋、表参道など、有名店が軒を連ねる「広域型商店街」、浅草や巣鴨の地蔵通りに代表される「観光型商店街」、神田の書店街やかっぱ橋の道具街のような「専門店街」など、多種多様な商店街がある。

だが、ここでは、生鮮3品を中心に、日常の買物需要に応える「近隣型商店街」を取り上げる。

東京の近隣型商店街の筆頭に、「三大銀座」と呼ばれる商店街がある。品川区の戸越銀座、北区の十条銀座、江東区の砂町銀座だ。

品川区には戸越銀座だけでなく、「横のデパート」と称される武蔵小山商店街（パルム）をはじめ、活気あふれる商店街が網の目のように広がっている。品川区では、商店街をたどっていけば、区内をぐるりと一周できるという。

十条銀座を擁する北区も商店街の宝庫だ。ディープな魅力の赤羽。小粒ながら存在感はズシリと重い霜降銀座や田端銀座。その最大の特徴は安さにある。十条銀座の安さを指して、地元では「十条価格」と呼ぶらしい。砂町銀座の江東区は、人口増加を背景に近年メガストアの出店ラッシュが続いているが、商店街の火は消えていない。

葛飾区や大田区の蒲田周辺などにも、元気な商店街が多い。

一方、商店街が低調な区には三つの傾向がある。

第一は千代田区・中央区・港区の都心3区だ。かつては都心3区にも賑わいのある近隣型商店街が存在していたが、著しい人口減少が続いた時期、多くの商店が閉店を余儀なくされ、それとともに商店街もその灯を消していった。

第二は比較的新しく住宅開発が進んだエリア。練馬区、江戸川区、千住地区以外の足立区などがその代表となるだろう。練馬区と足立区は総合スーパーが多く、江戸川区は激安食品スーパーの一大集積地である。これらを前に、商店街の分の悪さは否めない。

三つ目は文京区、目黒区、渋谷区など「三高」の区。なるほど三高の奥様と、商店街での買物は、結びつきにくいかもしれない。

これらをつなぎ合わせると「商店街＝庶民性＝下町」という図式が浮かび上がってくる。ところが東京には、「山の手商店街」というもうひとつのジャンルがある。阿佐谷のパール商店街もそのひとつだが、世田谷区は特にその集積が厚い。三軒茶屋、経堂、祖師ヶ谷大蔵、千歳烏山、下高井戸など、同区の元気な商店街は、あげていけばきりがない。実は「三高」の山の手住宅地にも、商店街はよく似合う。それは商店街が、単に買物の場だけにとどまらない機能を有しているからにほかならない。

商店街こそが東京の活力の象徴

『東京23区の商店街』の取材中に、こんな話に出合った。

場所は世田谷区のとある商店街、時は２０１１年3月11日の東日本大震災の日。最初の大きな揺れの後、商店街事務所に幼い子どもを連れたお母さんが飛び込んできたそうだ。聞くと、近くにできたマンションに越してきたばかりだとか。周りに親しい人はまだ誰もいない。唯一頼りになるご主人とは、電話が不通で連絡がつかない。

どうしようもない不安の中で、買物のときに目にしていた商店街の事務所にとっさに足が向いたとのこと。商店街の方とすれば、余震が続く中で、老朽化した建物がいつ壊れるかと、気が気でなかったらしいが、土地勘がなく知り合いも少ない彼女にとっては、そこが何よりの安心を与えてくれる場所だったのだろう。

商店街が元気なまちは、人と人とがつながり合うまちだ。スーパーやコンビニでは手に入らないものがある。東京の商店街が活力を維持し続けている大きな理由のひとつがここにある。

PART 4 シルバーパワーがみなぎる区は

シルバーパワーの重大な意義

東京23区の高齢化率トップは北区の24・0％。2位は台東区で23・6％。数字上では両区にほとんど差はないように見えるが、実はその中身には大きな違いがある。というのも、65歳以上のいわゆる高齢者で働いている人の割合（高齢者就業率）は、台東区は23区中2位の42・8％。一方で北区は23区最低の24・0％に過ぎない。

年を取っても現役で働き続けていれば社会に直接関与できるし、生きがいとなって、健康にもプラスの効果を及ぼすだろう。一方で、第一線から退き、リタイア生活に入ると、途端に老け込んでしまうケースが多いのは皆さんもよく知るところではないだろうか。

現在の高齢者、なかでも男性は、がむしゃらに働き、戦後日本の高度成長を支えた戦士たちだ。それだけに仕事を取り上げてしまえば、空虚な老後しか残らない、なんて方も多いはず。

高齢者には長い経験の中で身に染み込んだ様々な知識やスキルがある。こうしたシルバーパワーの活用は、高齢化の進展が避けて通れないわが国社会の活力維持のためにも、また高齢者自身の健康増進の面でも重要な意味を持つ。

そうはいってもサラリーマンの多くは、65歳を過ぎると定年退職を余儀なくされ、パートやアルバイトで働こうにも、採用は難しくなるのが現実だ。

高齢者がよく働く千代田区・台東区、活躍の場がない北区・中野区

次ページの図表7に高齢者の就業率を示した。

傾向として、上位を占める中心部の各区は、会社の役員や自営業者が多いという性質を持ち、下位には比較的サラリーマンが多い区が並んでいる。

『国勢調査』では、高齢者の就業に関する詳しいデータが公表されていない。そこで高齢者

図表7 シルバーパワーの活性度（上位・下位各５区）

（%）

指標	高齢者就業率		シルバー人材センター登録率		老人クラブ加入率	
年次	2010年		2012年度		2013年3月末日現在	
1位	千代田区	44.0	千代田区	8.1	墨田区	19.3
2位	台東区	42.8	港区	7.9	中央区	13.8
3位	文京区	36.7	荒川区	7.0	台東区	13.6
4位	中央区	36.3	墨田区	6.4	品川区	12.6
5位	港区	36.2	品川区	5.8	北区	12.3
⋮	⋮		⋮		⋮	
19位	板橋区	27.2	北区	3.9	港区	6.0
20位	杉並区	26.5	中野区	3.9	練馬区	6.0
21位	足立区	26.1	足立区	3.7	世田谷区	5.0
22位	中野区	24.5	世田谷区	3.4	中野区	4.9
23位	北区	24.0	大田区	3.4	杉並区	4.3
参考	23区計	29.4	23区計	4.7	23区計	18.9

＊1　「高齢者就業率」＝「65歳以上の就業者」/「65歳以上人口」
＊2　「シルバー人材センター登録率」＝「登録者数」/「65歳以上人口」
＊3　「老人クラブ加入率」＝「会員数」/「60歳以上人口」
出所：高齢者就業率は『国勢調査』、シルバー人材センター登録率と老人クラブ加入率は『福祉・衛生統計年報』（東京都）

の就労のひとつの例として、『東京都福祉・衛生統計年報』から、シルバー人材センターの実態を取り上げてみよう。

図表7に示した「登録率」は、65歳以上の高齢者数に占めるシルバー人材センター登録者数の割合を示している。繰り返すが、左隣に記した「高齢者就業率」は、会社役員や自営業者が多い区に対応している。この異なるふたつの結果が、よく相関していることに注目してほしい。

シルバー人材センター登録率が1位の千代田区は、高齢者就業率も1位。２位の港区は、高齢者就業率が5位。低い方でも、北区、中野区、足立区が両指標とも下位５位に名を連ねている。これら以外でも、シルバー人材センター登録率が高い区は、高齢者就業率も高いことが多く、逆にシルバー人材センターの登録率が低い区は、高齢者就業率も低いことが多い、という傾向がある。

なぜこうなるのかは、「まちのＤＮＡ」を考えれば納得できる。

現役で働いている高齢者が多い区では、退職したサラリーマンにも「引き続き働きたい」という意識が芽生えるが、すんなりリタイアする人が多い区に住むと、働こうとする意欲が減退してくるという理屈だ。人間とは、環境の影響を受けやすい生き物だということを考えれば、あながち的外れとも思えない。

世田谷区から見える「プライドの呪縛」

もちろん例外もある。その代表は、高齢者就業率が11位とそれほど低くないにもかかわらず、シルバー人材センター登録率が22位の世田谷区。

世田谷区では、高齢になっても働き続けることができる条件に恵まれた人と、年を取ると就労意欲が減退してしまう人のふたつの層に分かれていることになる。これを「内々格差」の発生と見るなら、かなり深刻な問題かもしれない。

役員でもなく、自営業でもない。かといって、定年退職後に創業・起業にチャレンジ、というのもリスクがある。でも、まだ元気で働く意欲は衰えていない。そこで、シルバー人材センターに登録でもしようとすると、家族から「そんなみっともないことやめて」と言われる。ふと、周りを見渡せば、皆、悠々自適に第三の人生を謳歌している……。そんなことを考えているうちに、働こう、表に出ていこうとする気持ち自体がなえてしまい、あとは引きこもりの老後を送るのみ。

多少の無理をして、あこがれの山の手住宅地に住むことで、若いころは同僚からうらやましがられ、鼻も高かったかもしれない。しかし、身の丈を超えたことのツケが、老後に一気に回ってきた。そんな老後の悲哀がここに象徴されているように思われてならないのだ。想定されるキーワードは「プライドの呪縛」。次のデータを見ると、このキーワードがますます現実味を帯びてくる。

そのデータとは、老人クラブの加入率だ。働くことが難しいとなると、生きがいは趣味の世界やボランティア活動に求めることになるだろう。健康増進のための運動も、ひとりでするよりは、仲間と一緒の方が楽しいし、長続きもする。老人クラブは、これらの主要な受け皿となる。

老人クラブは60歳以上を対象とするため、図表7に示した加入率は、老人クラブの会員数を60歳以上人口で割って求めた。

加入率の上位は、墨田区、中央区、台東区、品川区、北区。表では省略しているが、以下、荒川区、江東区と続いていて、東部3区の「新興下町」とはひと味違う、由緒正しき下町がズラリと並んでいるのがよくわかる。逆に加入率が低いのは、下から杉並区、中野区、世田谷区、練馬区、港区。ちなみに、18位は目黒区、17位は渋谷区。こちらは、山の手住宅区のオンパレードである。

仕事以外の高齢者の社会参加の場は、老人クラブだけに限らない。しかし山の手住宅区で老人クラブ加入への抵抗感が強いことは、どうも間違いがなさそうだ。

プライドに足をからめとられ、妙な呪縛にかからないために、若いうちから自分流の老後をシミュレーションしておくことは、寿命がさらに延びていくだろうこれからの時代、重要なテーマといえるだろう。

PART5

災害時にも安心・安全な区は

死者発生リスクが高い墨田区・台東区・荒川区・品川区

関東大震災から九十余年。東京はいつ大地震に襲われてもおかしくない周期に差しかかりつつあるといわれる。そこで東京都は、様々な条件設定に基づいて、大地震発生時にどこでどの程度の被害が生じるかを予測し、その結果を公表している（『首都直下地震等による東京の被害想定』）。

最新版は、東日本大震災後の２０１２年4月に発表されたもの。

図表８に、その中から特に関心が高いと思われる結果をピックアップして掲載した。条件は、東京湾北部を震源とするＭ７・３の地震が、風速８ｍ／秒の風が吹く冬の18時に発生したとした場合。

「建物全壊率」は、区内の総建物棟数に対する全壊建物棟数の割合を、建物焼失率は、同じく焼失建物棟数の割合を示す。

死者の発生状況は、18時という条件設定を考慮し、夜間人口でも昼間人口でもなく、面積

図表８　安全・安心の指標（上位・下位各５区）

区分	大地震被害想定					
指標	建物全壊率		建物焼失率		死者発生密度	
単位	（%）		（%）		（人/㎢）	
１位	荒川区	18.7	品川区	28.3	墨田区	48.4
２位	墨田区	17.1	大田区	22.3	台東区	47.8
３位	江東区	15.4	杉並区	18.7	荒川区	41.4
４位	台東区	14.9	目黒区	17.4	品川区	34.3
５位	中央区	10.2	墨田区	16.1	千代田区	23.5
⋮	⋮		⋮		⋮	
19位	中野区	3.1	北区	0.9	港区	9.8
20位	杉並区	3.0	板橋区	0.8	豊島区	9.3
21位	豊島区	2.9	港区	0.8	北区	6.1
22位	板橋区	1.8	中央区	0.5	練馬区	3.0
23位	練馬区	1.3	千代田区	0.0	板橋区	2.5
参考	23区計	6.1	23区計	10.7	23区計	15.1

区分	交通事故		犯罪	
指標	交通事故発生密度		刑法犯発生密度	
単位	（件/㎢）		（件/㎢）	
１位	渋谷区	93.8	新宿区	495.7
２位	中央区	93.6	豊島区	485.4
３位	台東区	92.2	台東区	444.9
４位	新宿区	91.0	渋谷区	422.0
５位	港区	84.8	千代田区	319.6
⋮	⋮		⋮	
19位	練馬区	38.6	練馬区	156.3
20位	江東区	36.6	葛飾区	153.8
21位	江戸川区	35.4	世田谷区	151.2
22位	北区	35.2	江東区	144.8
23位	大田区	33.5	大田区	130.0
参考	23区計	49.6	23区計	203.8

＊１　建物全壊率および建物焼失率は、区内総建物数に対する被害想定建物数の割合。死者発生密度は、面積あたりの想定死者数。

＊２　交通事故発生密度は面積あたりの交通事故発生件数、刑法犯発生密度は面積あたりの刑法犯認知件数で、ともに2011〜2013年の３か年平均値。

＊３　交通事故と犯罪は、警察署ごとの数値の積み上げ値。ただし、管轄範囲が複数の区にまたがる東京湾岸署は各区の管内居住人口で按分した。

出所：大地震被害想定は、『首都直下地震等による東京の被害想定』（東京都、2012年４月）、交通事故と犯罪は、『警視庁の統計』（警視庁）

で標準化した。

建物全壊の危険度が高い区は、荒川区、墨田区など、隅田川沿いを中心とした京浜東北線と荒川に挟まれたエリアに集中している。これに対して比較的安全度が高い区は、板橋区、練馬区など23区の北西部に集まっており、江東デルタと武蔵野台地の地盤強度の差がはっきりと表れている。

建物焼失の危険エリアは、言うまでもなく木造建物の密集地だ。特に品川、大田などの環七沿いには「業火ベルト」と呼ばれる火災の危険地帯が連なり、建物焼失危険度上位もこのエリアに集中している。

こうした建物への被害リスクに比例し、死者発生の危険度も、墨田区、台東区、荒川区、品川区が上位に並んでくる。その中で、千代田区が5位にのぼることに目が留まる。もちろん昼間人口が多いので、亡くなる人も多いという側面もあるだろう。だが、ことは命の問題。「大地震が来ても都心なら安全」と考えるのではなく、どこだろうと決して油断できないことを示していると捉えるべきだ。

都心居住者が抱える大きなリスクとは

いざ大きな災害に見舞われると、都心では様々なリスクの噴き出してくることが先の東日本大震災でわかった。大量の帰宅難民の発生はその最たるものといえるだろう。エレベーターに閉じ込められることも都心、特に都心居住者にとっては無視できないリスクとなる。

マンションなどで6階以上に住んでいる世帯の割合は、都心3区でとても多い。中央区では55%、千代田区では45%、港区でも43%にのぼる（23区平均は15%）。23区全体では4%しかいない11階以上の高層階に住む世帯の割合も、中央区で24%、港区で20%、千代田区で14%を数える。

東京都が想定する大震災時のエレベーター停止被害台数は約7千台。うち、その3割にあたる約2千台が都心3区に集中している。エレベーターに閉じ込められてしまえば、あきらめて助けが来るのをじっと待つしかないが、一斉に止まった場合、これだけ数が多いと救助がいつになるかは想像ができない。

エレベーターに閉じ込められたときは、待っていれば必ず助けが来る。しかし、ライフラインの途絶は都心居住者の生活を直撃する。中央区では41%が停電し、69%が断水する。都心3区の中では比較的ライフラインの被害が小さいと想定されている港区でも、停電率は23%、断水率は45%に及ぶ。

一方、完全復旧までに要する時間は、電気が1週間程度、水道は1か月以上というから、万が一の際には長期戦を覚悟しておかねばならない。湾岸エリアなどで想定される液状化被害が重なれば、さらに復旧までに長い期間を要することも先の震災で経験済みだ。

断水しても、飲料水はペットボトルのミネラルウォーターを余分に備蓄しておけば当座をしのぐことはできる。しかし、現代生活では水がないとトイレが使えない。このため行政は、いざというときに備えてマンホール直結の非常用トイレの整備や、飲み水には適さなくても、トイレ用に使える井戸の確保などに力を入れてきた。しかし、マンションの中高層階に住む人がこれらを使うのは、エレベーターの動いていることが大前提となる。

万が一、停電でエレベーターが停まっていたら、中央区の4分の1、港区の2割の人たちは、用を足すのに十数階の階段を上り下りしなければならなくなる。快適性や衛生面が気がかりな非常用のトイレを使うのが嫌だというのなら、重い水を担ぎ上げねばならない。

都心の高層マンションは、築年数が新しく、建物も耐震性に優れているものが多い。「だから安全だ」と東日本大震災後も都心の人口は増え続け、高層マンションも高い人気を維持し続けている。

しかし、建物自体が大丈夫でも、震災時に発生し得るこれらのリスクに、売る方も買う方もどれだけ目を向けているのだろうか。そう考えると、疑問が頭をもたげてこざるを得ない。東日本大震災後の東京23区の人口動向を追っていくと、こうした疑問が一層具体化してくる。

東日本大震災後の東京23区の人口動向

２０１１年３月を境として、東京の人口動向にはふたつの大きな変化が起きた。最初に現れたのは、度重なる余震や福島第一原子力発電所の事故を目のあたりにした、外国人たちの東京脱出だ。

この影響を最も強く受けたのは、区民の10人に１人以上が外国人という新宿区。１９９７年以降、一貫して増加を続けていた人口が２０１１年には減少へと転じている（以下に記す人口の動向は、『東京都推計人口』による10月１日値）。

ただしこの動きは風評被害の側面も強かったためか、概ね2年で収束した。新宿区の人口増加率を２００８〜２０１０年（震災前）、２０１０〜２０１２年（震災直後）、２０１２〜２０１４年（現在）の３区分で比較すると、２・５％↓０・１％↓２・３％と完全に元に戻っている。

もうひとつの動きは足立、葛飾、江戸川という東部3区を敬遠する傾向である。新宿区と同様に2年刻みで東部3区の人口増加率を追うと、2・4%↓マイナス0・3%↓0・6%。やや改善の兆しが見られるものの、まだ東日本大震災前の状態まで回復していない。

東京都が想定する東部3区の建物全壊率は、23区中のランキングで8位から10位、建物焼失率は7位から10位、面積あたりの死者発生数は13位から16位。概ね23区の中ほどに位置し、死者発生に関しては「やや安全」のレベルにあるといえるだろう。

にもかかわらず、どうしてこうした傾向が生じているのだろうか。分析すればきりがないが、そのひとつに、東部3区はかつて「震災危険度が高い」と考えられていた経緯があると想像される。その代表として、葛飾区に焦点をあててみたい。

減災努力の成果が出ている葛飾区

東京都が公表している最新の震災被害想定（2012年）をそのひとつ前の2006年5月発表の数値と比較してみよう。

実は2012年と2006年の予測値は、条件が異なっているため単純に比較することができないことを先にお伝えしておく。一番大きな条件変更は、風速が6m／秒から8m／秒になったこと。このこともあって23区全体の死者数は、約5000人から約9300人へと2倍近く増えた。

にもかかわらず、葛飾区の被害想定は、2006年の建物焼失率23区中1位、面積あたりの死者発生密度3位が、2012年には建物焼失率10位、死者発生密度13位と、ともに大きく改善した。

震災の被害は努力によって軽減できる。特に火災は、ひとりひとりが火の元に注意をし、かつ延焼を抑える初期消火の努力を行うことによって激減する。大火の発生が抑制されれば死者は減り、さらに高齢者をはじめとする「災害弱者」の救援体制を充実させれば、死傷者の発生をより一層減らすことができる。

こうした取り組みを「減災」という。葛飾区で建物焼失率や死者の想定発生数が大きく低減したのも、この減災努力の成果にほかならない。

しかし、物件や周辺のイメージが重視される不動産広告では、地道な減災への努力などは隅に追いやられてしまいがちだ。売りたい物件だったら、あえてリスクを強調しようとはしないだろう。ビジネスである以上、それはそれで致し方ない面がある。要は、買う方が賢くなるしかない。

PART6 交通事故・犯罪リスクの低い区は

事故も犯罪も多い渋谷区・新宿区、刑法犯認知件数が多い足立区

安心・安全を語るなら、交通事故や犯罪の発生という、より日常的なリスクにも触れておかねばならないだろう。

図表8に『警視庁の統計』による、交通事故発生件数と刑法犯認知件数の2011〜2013年の3か年平均値を併記した。いずれも面積で割って標準化している。まちの中で、交通事故や犯罪にどれだけ出合う危険性があるかという「発生密度」を示していると考えてもらえばいい。

これを見ると、交通事故も犯罪も、渋谷区や新宿区などの中心部に多く、周辺部で少ないという傾向がわかる。ただし、中心部といっても副都心に多く、犯罪と盛り場の関係をうかがわせる結果となっている。

ちなみに、刑法犯認知件数の実数が一番多いのは足立区で、「足立区は治安が悪い」とい

うようなイメージと合致する。もっとも、これは年ごとの数値変動が大きな交通事故と合わせるために、犯罪も３か年の平均を取ったからである。

単年度で見た足立区の順位は、２０１１年の１位から、２０１２年には新宿区を下回る２位に、さらに２０１３年には４位にまで低下している。成果著しい足立区における「減災」ならぬ「減罪」の取り組みは、第４章であらためて紹介したい。

犯罪が多い場所の意外な特徴

ところで、犯罪はどんなところに多いのか。盛り場との関係となると、まず候補にあがるのが飲食店、それも飲酒系の飲食店が思いつく。しかし、刑法犯認知件数と飲食店数の相関係数は０・26。酒場・バー・クラブなどの飲酒系飲食店数との相関係数は、少し高いだけの０・30。これでは相関しているとはいえない。

そこで筆者は、考えつく様々な指標を片端から刑法犯認知件数と相関させて、「珍発見」にたどり着くことができた。その意外な答えとは、コンビニエンスストアの数である。

刑法犯認知件数との相関係数は０・82にものぼった（コンビニの店数は２００７年の『商業統計』による）。これだけ相関係数が高いと、「コンビニが多いまちは犯罪が多い」といわざるを得ない。

因果関係の詳細はまだ解明できていないが、「とにかく犯罪に巻き込まれるのは絶対にいや」と考えるなら、コンビニが多いまちは避けた方がよさそうだ。

第3章

年収・学歴・職業が非凡な区、平凡な区

東京に「三高」の高級住宅地ができるまで

東京の高級住宅地には、ふたつの系譜がある。ひとつは第1章にも紹介した、大正の末から昭和の初めにかけて、私鉄の整備に伴って開発された住宅地だ。田園調布、等々力、上北沢、浜田山などがその代表で、そもそも畑の中に造るのだから、敷地もまち並みもゆったり取ることができた。加えて、先人たちが抱いた「よいまちを造りたい」という熱い思いが、今も東京の財産として残り続ける原点となっている。

もうひとつは中心部の高級住宅地。これらは江戸時代の大名屋敷をルーツとする。代表は「城南五山」。池田山、島津山、御殿山、花房山（以上品川区）、八ツ山（港区）を指す。目黒区の西郷山や、文京区の白山、西方などもこの系譜に属する。「山」の名が示すように、すべてが高台に位置している。

山があれば、必ず谷もある。谷底の低地は庶民が暮らすまちで、このふたつは隣り合わせに存在していた。

しかし今、港区や文京区などでは山も谷も、区内の全域が高級住宅地へ、のちほど解説するが、いわゆる「三高」のまちへと姿を変えた。

かつて点として存在していた「三高」のまちが、面へと広がっていったのは、地価がもたらした結果だ。谷にあった工場や近隣相手の商店、庶民向けのアパートなどは、高い地価に見合う収益が期待できる高級マンションへと姿を変えていったのである。

東京中心部が高級住宅地になったわけ

地価が高いと、住宅は広くなる。東京23区の一戸建て住宅の平均床面積は104㎡、マンション(『国勢調査』にはマンションという分類がないため、以下「三階建て以上の共同住宅」で代用する)は51㎡。それを考えれば、床面積が150㎡の一戸建て、あるいは80㎡のマンションは、豪邸とはいわないまでも相当リッチな住宅と見なすことができるだろう。

一戸建てのうち、このリッチ基準を超える住宅の割合が一番多いのは港区で、以下、千代田区、渋谷区、目黒区、文京区と続く。低い方は、葛飾区、江戸川区、北区、足立区など。マンションも同様で、80㎡以上の割合は港区、千代田区、世田谷区、文京区、渋谷区の順で多い。マンションの場合、最下位は中野区、ひとつ飛んで下から三番目に新宿区が入るが、この両区は独身ひとり暮らし世帯の一大集積地だから、ちょっと意味が違う。

中野区と新宿区を除いた低位の区は、北区、墨田区、足立区、板橋区、葛飾区と、やはり一戸建てと同じような傾向が表れてくる。これらの結果を図表9に示した住宅地の平均地価と照らし合わせてみれば、「地価が高いところは住宅が広い」という法則が、見事に証明されていることが理解できるだろう。

地価の高い場所がより高収益を期待できるように、住宅なら、より高級な住宅地へと姿を変えていくのは経済のメカニズムにほかならない。そしてこのメカニズムこそが、ハイスペックな年収や学歴、職業を住人に要求する「三高」のまちを創り出していったのだ。

実は「富の郊外化」と、これと対をなす「インナーシティのスラム化」の組み合わせの方がグローバルスタンダードではある。にもかかわらず、東京の中心部は高級住宅地としての地位を保ち続け、そこに「三高」のまちが発展していったのはなぜなのか。近年は人口の都心回帰が進んでいるが、人口が減り続けている時代でも、東京の中心部は地価が高かった。

エコノミストならその理由を「都心の住宅地には希少価値があるから」と答えるかもしれない。しかし、千代田区と中央区はともかくとして、港区や渋谷区、文京区などでは、住宅地は決して「希少」な存在ではない。

一方でルポライターなら、「話題の飲食店をはじめとする、トレンディなショップが多いから」と答えるかもしれない。しかし、それは「三高」のまちが生まれたからの結果に過ぎ

図表9 住宅地の平均地価（2014年）

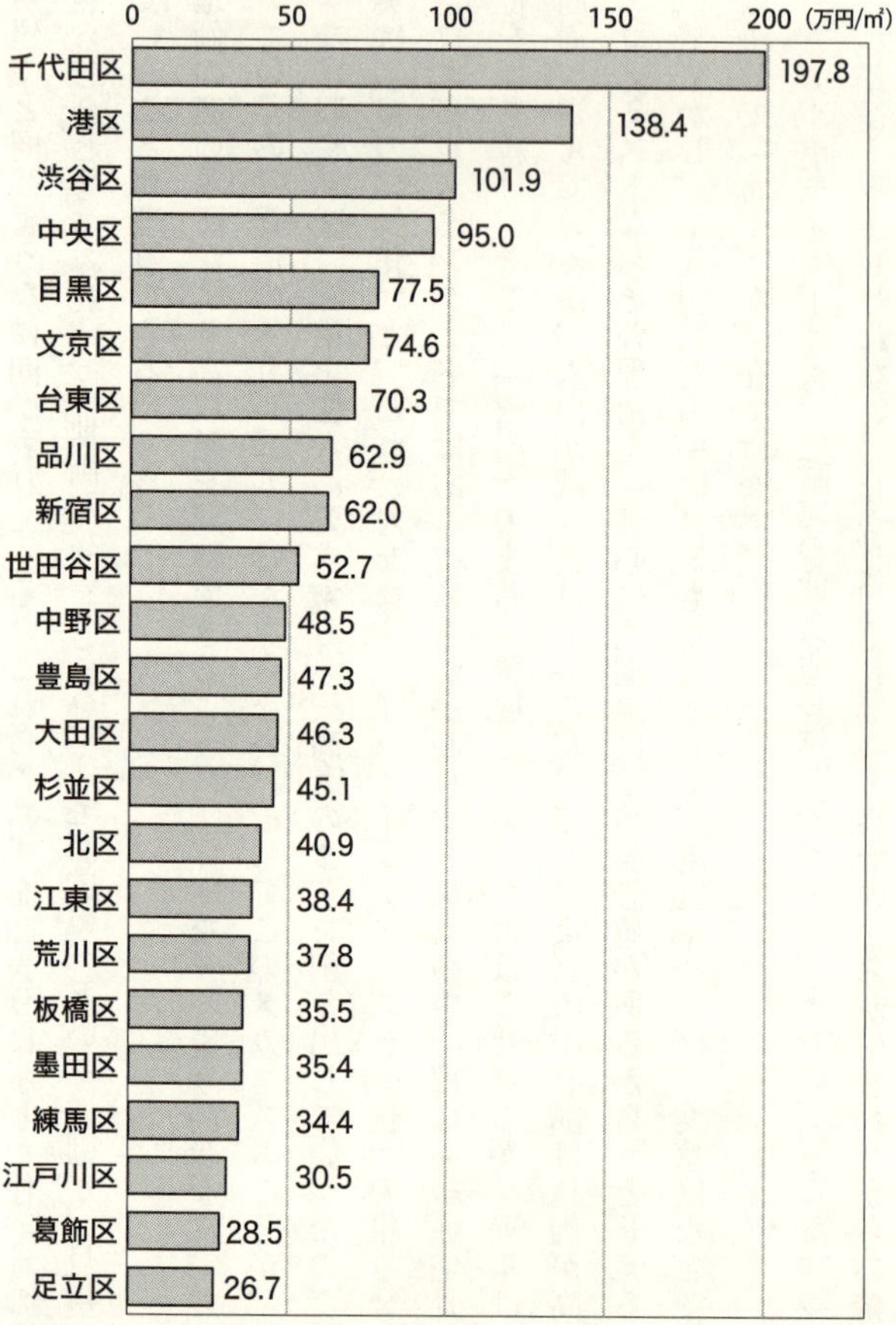

出所：『平成26年地価公示』（国土交通省）

ない。

同様に「クリエイティブでイノベーティブな職場が多いから」というのも、答えにはなってない。これらもまた結果論である。

緑がまちを「三高」にしていく

都市計画屋である筆者がまずあげたいのは緑だ。

緑の豊富さを示す緑被率は、各区で調査年次が異なるため一概に比較はできないものの、各区の最新の緑被率調査の結果をつなぎ合わせるとひとつの傾向が見えてくる。

1位練馬区（25・4%、2011年）、2位世田谷区（22・9%、2011年）、3位杉並区（22・2%、2012年）、4位港区（21・8%、2011年）、5位千代田区（21・0%、2010年）、6位渋谷区（20・6%、2003年）。上位3区はいずれも周辺部に位置するが、緑というと畑も緑である。農地の緑を除いてみると、右の6区の緑被率に大きな差は認められない。

都市の緑と聞いて、まず頭に浮かぶのは公園の緑だろう。

『東京都都市公園等区市町村別面積・人口割表』（2014年4月）による公園面積比率

（区の面積に占める公園面積の割合）の1位は江戸川区。ただし、同区の公園面積は、葛西海浜公園が54％を占めており、それがひとつで数字を稼いでいる面が否定できない。しかも葛西海浜公園は、その大部分が海面の「海上公園」だ。

2位の千代田区と3位の渋谷区は、公園面積の広さと緑被率の高さが比例している。だが、緑被率4位の港区の公園面積比率（6・8％）は23区の平均（6・5％）並みで、公園面積比率と緑被率とでは3倍を超える差がある。文京区や目黒区も、緑被率と公園面積比率との差が大きい。

大阪や横浜など他の大都市と比べ、東京の中心部は緑が豊かという実感を持つ方が多いのではないだろうか。この実感を支えているのは、公園という限られた区域の中に「囲われた緑」よりも、まちの中に「組み込まれた」緑の存在だろう。こうしたまちなかにあふれる緑が、まちのステータスを高め、高い地価を生み出す背景を形作っている。

坂がまちを「三高」にしていく

もうひとつは景観。そう言ったらある人に、「景観で飯が食えるのか」と反論されたことがある。確かに、景観は「飯のタネ」ではない。優れた景観を生み、守り、育むのは、住民ひとりひとりの日々の努力の結果だ。そして、この過程から生み出される「わがまちへの誇り」は、間違いなくまちのステータスへとつながっていく。

東京のまちに照らしていえば、坂の存在が景観を一層引き立たせる要素となっていることに間違いはないだろう。世界有数のブランドショップが集まる表参道は、ケヤキ並木が魅力の源泉となっている。原宿側からでも、青山通り側からでも表参道を見渡してみると、微妙な坂道が、ケヤキ並木に立体感を生み出していることがよくわかる。

上と下で異なるふたつのまち並みを一本の道がつなぐ坂道は、発見と驚きの場でもある。もう一度図表9を見てほしい。千代田区、港区、渋谷区、目黒区、文京区と、地価が高い区は、そのほとんどが東京有数の坂のまちだ。

もちろん、坂のまちの地価が高いのは、第一義的には坂上の高台の存在に帰するものである。しかし、武蔵野台地と江東デルタの境界に位置し、やはり坂道が多い北区の地価がそれほど高くないことを考えると、「坂＝高台＝高地価」と考えるより、「坂→景観→高地価」と考えた方が腑に落ちる。坂と緑が織りなす空間を骨格として、やがて坂下をも巻き込んで、東京の「三高」のまちは形成されていった。

大阪をはじめとする他の大都市でも、近年中心部に「三高」エリアが形成され始めているが、その多くは東京の二番煎じに過ぎない。東京の「三高」のまちは、都市そのものの構造に基盤を置きながら、長い時間をかけて創り出されてきたものだ。

前置きが長くなったが、この奥深さを理解したとき、はじめて年収や学歴、あるいは職業が「三高」になったまちの本質に迫ることができる。ぜひその点を念頭に置いて、次の項目を読み進めていただきたい。

PART1 年収が非凡な区・平凡な区

全国平均を大きく上回る東京の所得水準

総務省統計局による『統計でみる市区町村のすがた』から納税義務者1人あたりの課税対象所得額（「所得水準」）を求めることができる。

2012年における東京23区の平均所得水準は429万円で、全国平均（321万円）を1・3倍以上も上回っている。東京の所得水準の高さは全国の中で飛び抜けており、都道府県別の2位である神奈川県（367万円）と比べてもおよそ16％の差がある。

全国的な構造を見ると、東京を筆頭とする一部の「勝ち組」と多くの「負け組」という格差が明快であり、47都道府県のうち全国平均を超えるのは８都府県しかない。市区町村別に見ても東京23区は圧勝の感がある。

全国１７４２市区町村のトップ10ランキングでも、23区以外では兵庫県の芦屋市が４位に、東京都の武蔵野市が９位に顔を出すにとどまる（図表10参照）。

年収「七強」――港区・千代田区・渋谷区・中央区・文京区・目黒区・世田谷区

図表10　全国の所得水準トップ10（2012年）

順位	区市町村名	所得水準（万円）
1位	東京都港区	903.7
2位	東京都千代田区	762.9
3位	東京都渋谷区	683.6
4位	兵庫県芦屋市	567.1
5位	東京都中央区	546.8
6位	東京都文京区	545.6
7位	東京都目黒区	526.7
8位	東京都世田谷区	502.5
9位	東京都武蔵野市	479.5
10位	東京都新宿区	475.3

＊納税義務者１人あたり課税対象所得額。
出所：『統計でみる市区町村のすがた』（総務省）

23区の中で最も所得水準が高いのは港区で、１人あたりの額は実に９００万円を超える。以下、千代田、渋谷、中央、文京、目黒、世田谷の順で続き、これら「七強」が後述する高学歴、高職種を合わせた「三高」の区の代表となる（図表11）。

上位七強が「三高」の代表とはいったものの、港、千代田、渋谷の３区が突出

図表11 所得水準（2012年）

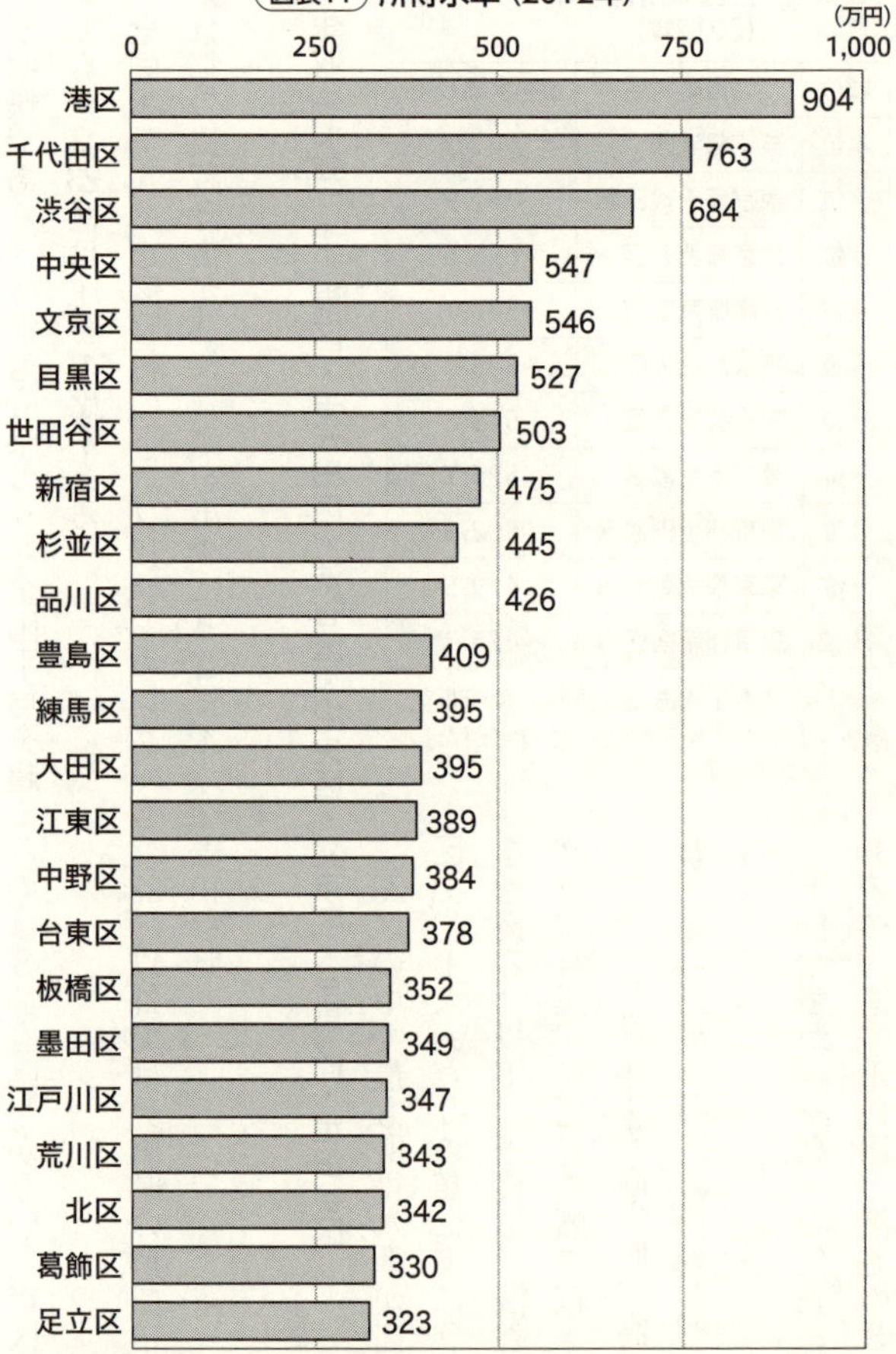

出所：『統計でみる市区町村のすがた』（総務省）

して高く、これらトップ3とその他大勢に二分されている感がある。そう考えるなら、都心3区の一角を占める中央区は、順位は4位にのぼるものの、その他大勢の筆頭に過ぎなくなる。

実は中央区は、かつてはもっと所得水準が低かった。バブルの影響がほぼ終息した1993年のデータを見ると、トップ3をはじめ、上位の顔ぶれは今とほとんど変わらない中で、中央区の順位は9位。10年前の2002年でも、ようやく7位に過ぎず、「三高」の末席にとどまっていた。

中央区は、東京の中心部に形成されていた高ステータスのまちが拡大していく中で、新たに「三高」に加わった。新参者だけに中央区には坂がない。加えて緑も少なく、その緑被率（2004年）は9・1％と、港区や千代田区の半分にも満たず、23区で一番低いのが特徴的だ。

最下位の足立区は立派な「勝ち組」

トップの港区と最下位の足立区との間にきわめて大きな格差が存在することにも注目される。どうしてこんなに大きな差が生じたのだろう。その検討を行う前に、まず23区最下位の足立区の実力を確認しておこう。

町村を除く、全国812市区中の足立区のランキングは157位だ。俗にニッパチの法則とも呼ばれる「パレートの法則」に従うなら、上位2割に収まる足立区は立派な「勝ち組」に属することになる。

足立区は、大阪市（192位）や札幌市（285位）よりも所得水準が高い。これが23区の最下位の実力である。

しかし、その足立区よりも、港区は2・8倍、3位の渋谷区でも2倍以上、所得水準が高い。

こうした23区内の所得格差は以前から存在していたが、かつては今ほど差が大きくなかった。となれば、時間軸という物差しが「港区は、なぜこれほど所得水準が高いのか」を解き明かすカギを握っていそうだ。

23区民の所得水準の変化

1997年と2012年の全国平均所得水準を比べると、「失われた15年」を象徴するかのように、373万円から321万円へと、およそ14％も低下している。東京23区では4・

図表12　所得水準の上昇率（2012年/1997年）

分類	2012年所得水準	該当区数	2012年/1997年上昇率区分				12年/97年平均上昇率（%）
			上昇	低下率0〜▲5%未満	低下率▲5〜▲10%未満	低下率▲10%以上	
Aグループ	トップ3	3区	3区	—	—	—	22.4
Bグループ	500万円台	4区	2区	2区	—	—	11.1
Cグループ	400万円台	4区	—	1区	3区	—	▲6.2
Dグループ	300万円台	12区	—	1区	4区	7区	▲10.1

出所：『統計でみる市区町村のすがた』（総務省）

3％の低下で、下落幅は全国平均と比べて小さいものの、東京も下がっていることに変わりはない。

しかし、23のすべての区で下がったわけではなく、所得水準が上昇した区がある。下がった区も、下がり方は一様ではない。その動きはかなり複雑であるため、23区を四つのグループに分け、1997年と2012年の2時点だけで比較をしたい。

四つのグループピングは、2012年の所得水準に基づいて、「Aグループ＝トップ3区」「Bグループ＝所得水準が500万円台の4区」「Cグループ＝所得水準が400万円台の4区」「Dグループ＝所得水準が300万円台の12区」とする。「Aグループ」と「Bグループ」が、七強に相当する。

その結果を図表12に整理した。

「Aグループ」は3区すべてで所得水準が上昇している。

「Bグループ」は上昇と低下に二分されるが、下がった区でも低下率は15年間でマイナス1%前後に過ぎず、ほぼ横ばいといっていいだろう。

「Cグループ」では5%から10%の低下が多くなり、「Dグループ」になると大きく下がった区が目立つようになる。

表に併記した各グループの平均上昇率は、四つのグループ間の差を明確に示している。所得水準が高い区は一層所得が上がり、所得水準が低い区はさらに所得が下がる。ひとことで表現するなら、「富の集中」が進んだのだ。

富の集中は今もなお

図表12は、わかりやすさを重視して2時点だけの比較を示したが、実は所得水準が上がった区も、過去15年間を通して上昇トレンドが続いたわけではない。

全国平均の所得水準は、この15年間、毎年ジリジリと下がり続けているが、23区の中でこれと同じ動きを示すのは、足立区など一部に限られる。

たとえば「Ａグループ」と「Ｂグループ」は、２００８年までは所得水準が上昇し、同年を境に低下に転じている。「Ｃグループ」と「Ｄグループ」の多くは、かつての横ばい、ないしは微減傾向から、２００９年以降、低下の幅が大きくなっている。

分岐点となる２００８年は、言うまでもなくリーマンショックに襲われた年である。それまでの１９９０年代末から２００８年にかけては、「実感できない好景気」といわれながらも、「ＩＴバブル」から「いざなみ景気」へと、景気の好循環が続いた時期であった。

このようにリーマンショックによって一時的な低迷を余儀なくされはしたが、「Ａグループ」「Ｂグループ」の多くの区は、２０１２年には再び所得水準が回復する兆しを見せ始めている。「富の集中」の構造的トレンドは、今も存続していると考えていい。

なぜ港区に富の集中が起きているのか

港区の圧倒的な高所得水準は、「富の集中」がもたらした典型である。図表13に、港区における過去15年間の所得水準の動向（折れ線グラフ）を示した。

図には、各年の人口増加率（棒グラフ）を併記した。「富の集中」を誰がもたらしたかを

図表13　港区における所得水準の動向

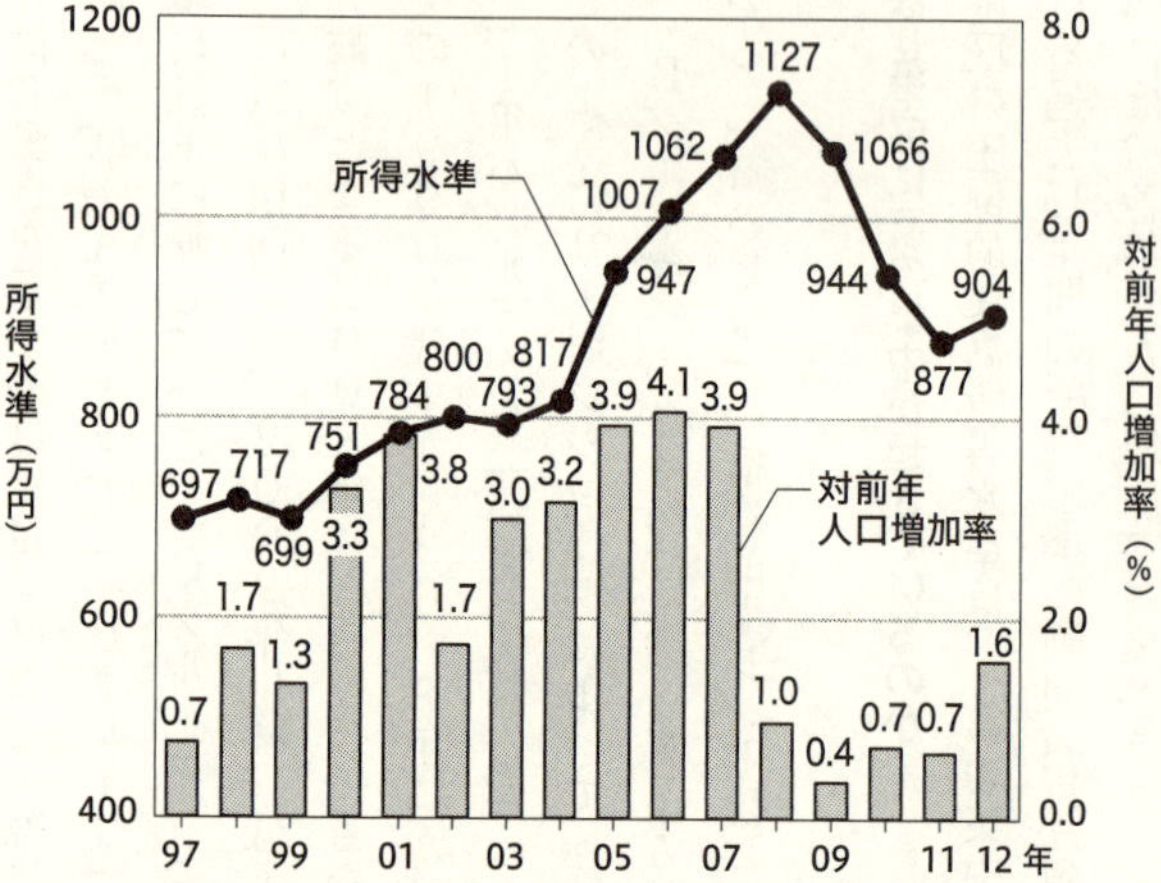

出所：所得水準は、『統計でみる市区町村のすがた』（総務省）
対前年人口増加率は、『東京都の人口（推計）』（東京都）

示すためだ。

後述するように、港区には情報産業をはじめとした成長産業が集積している。そこで働く人たちは、高い収入を得ていると考えていいだろう。しかし、実は港区で働いている人のうち、港区に住んでいる人の割合はわずか5％しかいない。港区で支払われる給与の大部分は区外に流出しているのだ。

富が内側から生まれたのではないとすれば、外からやってきたと考えるしかない。港区で「富の集中」が進んだのは、高地価で生活コストも高い港区でも住宅を購入することができる、あるいは高い家賃を支払うことができる高額所得者が増えたからにほかならない。

この前提を踏まえて図表13を見ると、大きく四つの時期に区分できることがわかる。第1期は1999年以前。図は1997年からの記載であるが、1990年代後半を通じてほぼ同じ傾向が続いていた。

第2期は2000年から2004年、第3期は2005年から2008年、そして第4期がリーマンショック後の2009年以降となる。1960年をピークに人口減少が続いていた港区で、人口が再び増え始めるのは1996年以降だ。ただし、1990年代後半はまだそれほど高い増加率ではなかった。この時期、所得水準はほぼ横ばいで推移する。「富の集中」はまだ始まっておらず、「富の維持」が図られていた時期だということになる。この第1期は、所得水準が千代田区を下回っていた時代でもある。

第2期になると、人口増加率が上昇し、これと合わせて所得水準も上昇を始める。港区が東京で、いや、日本で最もリッチなまちとなり、以後その地位を不動のものとする足固めが進んだのがこの時期だった。

第3期は、所得水準の急上昇期。わずか4年間で、港区の所得水準は1・4倍に跳ね上がっている。人口増加は高水準で続いたが、第2期と比べてそれほど大きな変化はない。にもかかわらず、なぜこの時期に著しい「富の集中」が生じたのだろうか。

２００３年４月の六本木ヒルズオープン以降、汐留シオサイト、東京ミッドタウン、赤坂サカスと、港区内では超高級レジデンシャル機能を併設した、大規模な「タウン型」再開発施設が相次いで開業する。

マスコミは連日のようにこれらを取り上げ、港区のブランド力は急上昇していく。マスコミが煽り立てたのは、新たな「まち」の出現だけではない。「ヒルズ族」の言葉に代表されるように、そこに暮らすリッチでトレンディな人たちもホットな話題となった。それらの結果として、港区に高額所得者の集積がますます進むというスパイラルが生み出されていったのである。

第４期は、リーマンショックを契機とした、熱すぎた第３期に対する冷却期間と位置づけられるだろう。注目すべきはこの時期に所得水準の低下と併せて人口増加率の低減が見られたことだ。

そう考えるなら、人口増加が再び息を吹き返せば、所得水準も再度上昇に転じる可能性がある。２０１２年のデータはその兆しを示しているし、２０１４年の人口増加率は２・３％増と、かつての勢いを回復しつつある。さらに、山手線新駅の開設をはじめ、港区の再開発余力はまだ十分に残されている。

港区で進んだ「富の集積」の登場人物は、一部の「選ばれた人たち」である。しかし、彼らを突き動かしたのは、経済的な価値より、都心に暮らすという生活価値の再発見にあった。通勤から解放された時間を、都心に備わる様々な機能や環境を満喫することに消費する。あるいは「都心での仕事＝オン」と「郊外での居住＝オフ」を切り分けて、不連続にしてしまうのではなく、仕事の仲間であろうと、職場を離れたもうひとつの関係で結びつくような、オンとオフのなだらかな連続。

「都心ライフ」と呼ばれるこうした新たなライフスタイルの体現が、「富の集中」の原動力となった。そう考えると、港区への「富の集中」は、まさに東京のダイナミズムを象徴した動きだということになる。

PART２　学歴が非凡な区・平凡な区

学歴格差の指標となるのは「大学」

東京で一番大学が多い区はどこか。『学校基本調査』には、大学生（以下、特に断りを記さない限り、大学は大学院を含み、短大や高専は含めない）の数が23区別に公表されている。

ただし、同調査のデータは、大学生の数を本部の所在地で数えている。たとえば、目黒区の大学生は東京工業大学だけで、東大の駒場キャンパスに通う学生は、文京区に一括カウントされる。東工大の大岡山キャンパスは、目黒区と大田区にまたがっているが、同じ理由で本部のある目黒区の方にすべての学生数がカウントされている。そんな限界はあるものの、大きな構造は理解できるだろう。

『学校基本調査』のデータによれば、東京23区の中で大学がない区が三つある。荒川区、江戸川区、墨田区だ。荒川区にはかつて都立保健科学大学があり、その流れを汲んで現在も首都大学東京の健康福祉部が存在するが、本部はない。江戸川区は短大はあるが、大学はない。墨田区には、サテライトキャンパスを除くと、大学も短大もない。

総じて東京の大学の立地は、西高東低の傾向がある。

地理的には都心に位置するものの、地形的は東部に近い中央区も、本部があるのは聖路加看護大学だけにとどまる。一番大学生が多い区は、有名私大の本部が集まる千代田区だ。2位と3位は文京区と新宿区の接戦で、世田谷区がこれに続く。次ページの図表14をご覧頂ければ一目瞭然、これら4区が東京の代表的な学生のまちといっていい。

図表14　大学生の集積に関する指標（上位・下位各5区）

指標	大学生数		大学生居住者比率		短大卒者の割合（女性のみ）		大学・短大進学率	
単位	（人）		（%）		（%）		（%）	
年次	2014年5月現在		2010年		2010年		2014年3月	
1位	千代田区	129,315	文京区	43.8	世田谷区	29.6	渋谷区	77.9
2位	文京区	73,794	新宿区	41.7	杉並区	28.9	千代田区	76.9
3位	新宿区	73,212	豊島区	39.1	練馬区	27.9	港区	75.3
4位	世田谷区	66,629	杉並区	34.7	目黒区	27.9	文京区	74.7
5位	豊島区	39,620	中野区	32.4	渋谷区	27.8	杉並区	72.6
⋮	⋮		⋮		⋮		⋮	
19位	中央区	503	江東区	20.9	江戸川区	23.0	台東区	52.8
20位	中野区	404	墨田区	20.4	北区	22.4	大田区	50.9
21位	荒川区	—	葛飾区	17.8	荒川区	22.4	荒川区	45.1
22位	江戸川区	—	足立区	16.3	葛飾区	21.8	葛飾区	42.5
23位	墨田区	—	江戸川区	16.0	足立区	20.0	足立区	38.9
参考	23区計	536,466	23区計	25.8	23区計	25.2	23区計	66.7

＊1　大学生数には、大学院生を含む。
＊2　大学生数は、本部所在地に一括計上している。
＊3　大学生居住比率は、区内の総在学生数に占める大学生の割合。
＊4　短大卒者の割合は、高専・専門学校を含む居住者に占める割合。
＊5　大学・短大進学率は、専門学校を含めない高校在住地ベースの値。
出所：大学生数と大学・短大進学率は、『学校基本調査』（文部科学省）、
大学生居住者比率と短大卒者の割合は、『国勢調査』

大学はまちのブランドを重視して建てられる

大学生が多い区は、所得水準が高い区と、比較的よく重なっていることにお気づきだろうか。

中央区は例外として、所得水準上位七強のうち、3区が大学生数上位5区に名を連ねる。

図表14では欄外となるが、渋谷区は大学生数

6位、港区は8位。慶應大、北里大、東京海洋大（旧・東京水産大）など、歴史のある大学が多い港区は、数以上に中身の印象が濃い。

前述したように、目黒区は『学校基本調査』の集計では東工大だけしかカウントはされていないが、東大の駒場キャンパスがある。今は区外に移転したが、国立の東京学芸大と都立大（現：首都大学東京）が目黒区にあったことは駅の名前が伝えている。

大学生の数が下位の区にも同様の傾向が見られる。

所得水準最下位の足立区は、大学生数で見れば11位と健闘しているものの、10年前は放送大学の足立学習センターがあるだけだった。所得水準22位の葛飾区は大学生数18位、同21位の北区は17位と、所得水準が低い区は大学生の数も下位にとどまっている。

こうして見ると、大学は「三高」のまちに集まる傾向があるようだ。大学が求める立地環境と「三高」のまちの環境は、相通ずるところがある。大学とは、想像以上にまちのブランドを重視して建てられているのである。

では大学に通う学生たちはどこに住んでいるのか。図表14「大学生居住者比率」では、区内に住む小学生から大学生まで、すべての在学生に占める大学生の割合を示している。

低い方には年収・学歴・職業が平凡な「三平」組が多いが、これはそもそも大学が少ないからだろう。高い方のトップは文京区で、「大学都市」の面目躍如の感がある。だが、2位以下に「三高」を代表する所得水準上位七強の区はひとつも出てこない。

一方で新宿、豊島、杉並、中野という大学生が好んで住む区は、いずれも交通が便利で、盛り場に近いという共通点がある。

そんな大学生たちも、卒業し、就職し、結婚し、子どもが生まれると、住まい選びの考えは変わっていく。

大卒が多い中心区、短大卒が多い西部、高卒が多い東部

図表15は、区内在住者に占める大卒者の割合を示したもの。図表11の所得水準と比べると、大卒者には強い〝三高のまち志向〟のあることがよくわかる。

ここまで大学生だけを対象とし、短大は取り上げてこなかったが、学歴に関しては短大卒（高等専門学校卒を含む）についても概観しておこう。

とはいえ、男性の短大卒は少数派である。短大卒の検討は女性だけに限ることにしたい。

女性の短大卒の割合が23区で一番高いのは世田谷区。以下、杉並、練馬、目黒、渋谷の順で、「三高」というより、西部山の手住宅区が上位に並んでいる。

図表15 大卒者の割合（2010年）

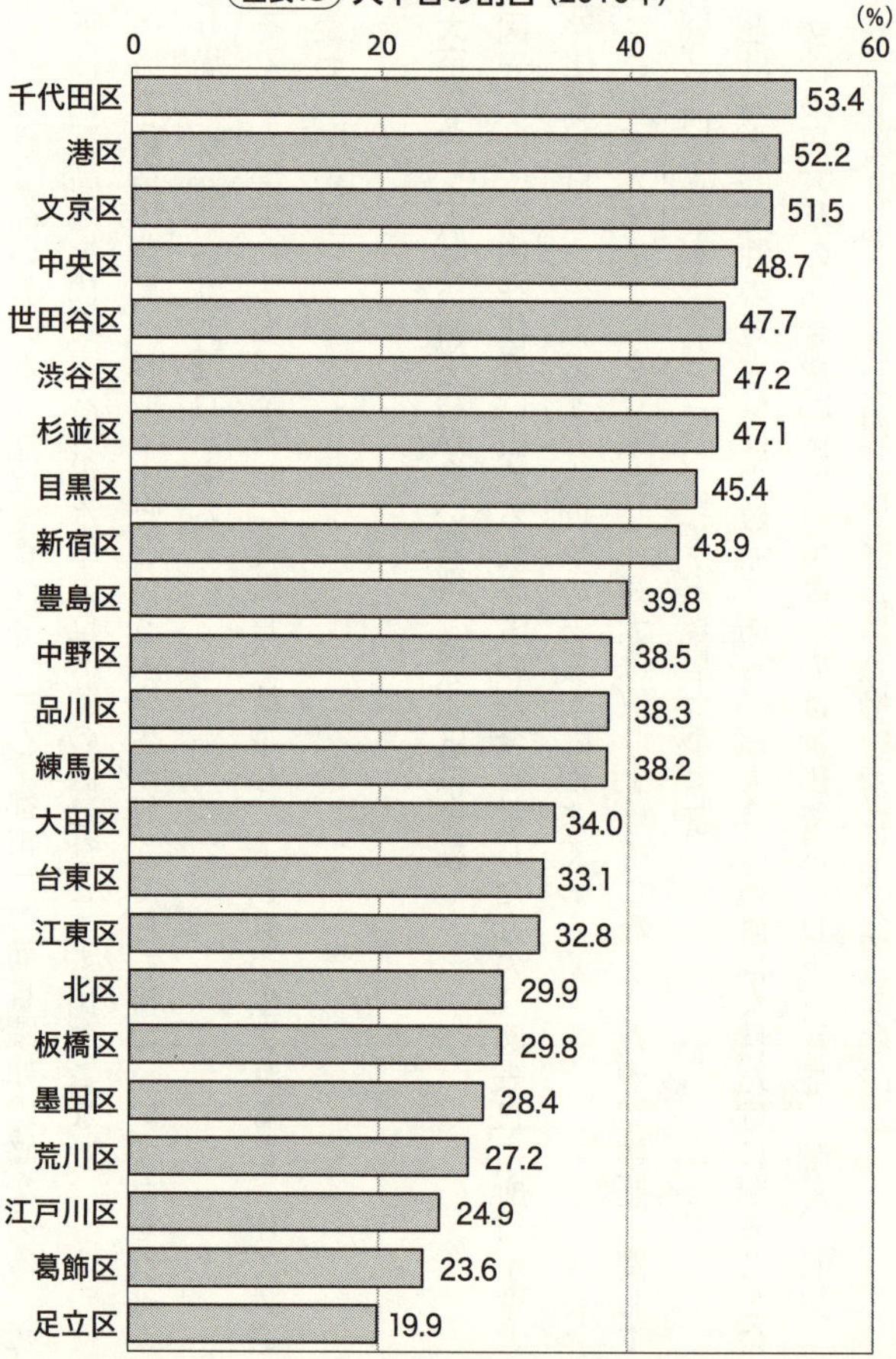

出所：『国勢調査』

大卒者の割合は女性も男性も大差なく、中心区が上位を独占。ちなみに高卒者は、これも男女を問わず、東部３区や荒川、墨田などに多い。こうして見ると、大卒の中心部、短大卒の西部、高卒の東部と、東京には相当に根の深い学歴階層社会が形成されていることがわかる。

教育水準の高さが「三高」のまちを形成する要素のひとつ

親が高学歴なら子の進学率も高いかどうかは定かではない。しかし教育に要するコストを考えれば、ある程度、親の所得が高くなければ子の進学を支えられない、というのは事実だろう。

『学校基本調査』には23区別の大学・短大進学率が記されている。ただし、これは高校の所在地ベースでの集計であり、居住地ベースの集計ではない。

私立はもとより、都立高校の学区制も廃止された今日、多くの高校生は区境を、さらには県境すら越えて通学している。加えて、大学・短大進学率は、私立と公立との間に大きな差がある。２０１４年３月卒業者の23区平均進学率は、私立の76・３％に対して公立は50・４％にとどまる。このため、私立高校が多い区は、自然、進学率も高くなる。

こうした前提を踏まえたうえでの結果ではあるが、図表14と図表15を見比べれば、大卒者が多い区は、やはり子どもの進学率も高いという傾向が読み取れるだろう。

過去30年以上にわたり、東大合格者数のトップを走り続ける開成高校は荒川区にあるが、基本的に有名私立高校は大学と同様「三高」のまちに集まっている。「孟母三遷」の教えではないが、進学率の高さもまた、「三高」のまちを形成する大きな要素となっているといえそうだ。

PART3 職業が非凡な区、平凡な区

23区エグゼクティブランキング

「エグゼクティブ」を直訳すると上級管理職となり、通常は、会社や団体の役員を指す。

役員の数は『国勢調査』で把握できるが、家族経営であっても会社組織の形を取っていれば役員は役員であり、お父さんが社長、お母さんが専務という例も少なくない。

『国勢調査』では職業別のデータも公表されており、その中に管理的職業従事者という分類がある。これなら「三高」職種にかなり近いが、やはり個人経営の町工場や商店で、第一線

は家族に譲り、主人は管理業務に徹しているなどというケースが紛れ込んでくる。

そこで、従業上の地位と職種との掛け算に従い、左記のように「エスタブリッシュメント層」を定義することとする。なお、エスタブリッシュメント層とは、「社会的な地位の高い人」という意味で用いている。

第一は、管理的職業に従事する役員。

第二は、専門技術職の役員。

第三は、管理的職業につく正規雇用者。役員の一歩手前、大企業の部長職などがこれにあたる。

これら三つの定義にあてはまるエスタブリッシュメント層を算出し、総就業者に占めるその割合を示した結果が図表16だ。

エスタブリッシュメント層が増加する千代田区・港区・渋谷区

所得水準の並びとほぼピタリと一致していることがおわかりだろう。

上位七強については、顔ぶれはもとより、順位もまったく変わらない。あえて違いをあげるとすれば、所得水準16位の台東区が9位に入っていることくらい。台東区には家業の伝統

図表16 エスタブリッシュメント層の割合（2010年）

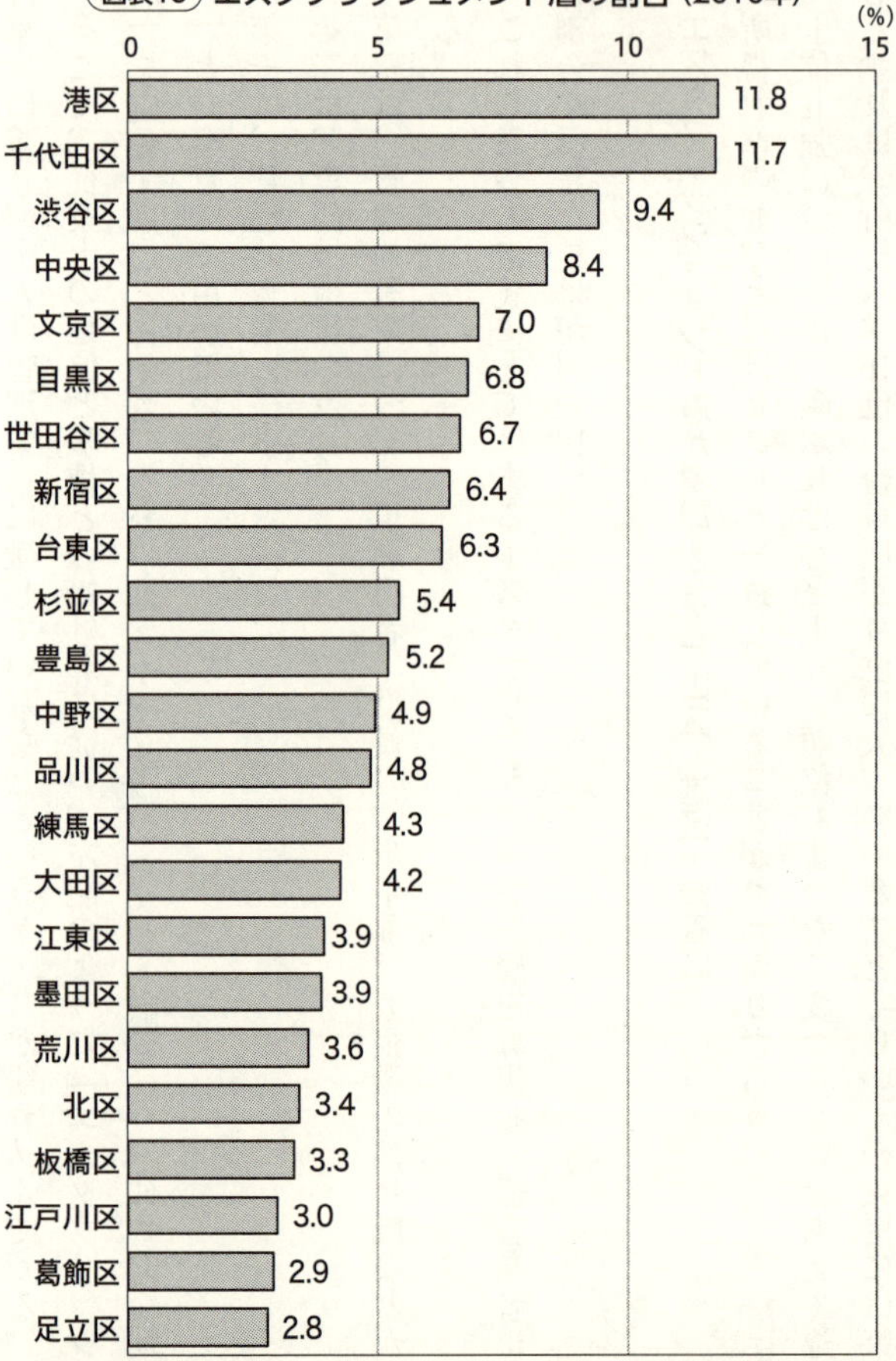

＊「エスタブリッシュメント層」=「管理職の役員」+「専門技術職の役員」+「管理職の常雇用者」と定義したときの総就業者に占める割合。

出所：『国勢調査』

が今も強く残っており、中小企業の役員が多いためだと考えられる。

エスタブリッシュメント層の割合を２００５年の結果と比べると、23区の平均は４・３％から４・８％に上昇している。わずか０・５ポイントの差のように見えるかもしれないが、率にすれば１割以上の上昇である。

最も上昇幅が大きかったのは千代田区で、港、渋谷、文京などの各区でも大きな上昇がみられる。(注) エスタブリッシュメント層の流入が、「富の集中」をもたらす主要因となったことがうかがえよう。

プロフェッショナル職が集積する港区・渋谷区・中央区

より細かく職業を見ていこう。専門技術職の中には、役員ではなくても社会的に権威のあるプロフェッショナルな仕事についている人が少なくない。

たとえば研究者、技術者といったイノベーティブな仕事、作家、編集者、デザイナー、音楽家などクリエイティブな仕事、クオリファイド、いわゆる高い資格を要する仕事の三つがその代表となる。クオリファイドな仕事としては、裁判官、弁護士、弁理士などの法務専門職と、公認会計士、税理士、社労士などの経営・金融関係専門職があげられる。

これら以外にも、医師、大学教授などの権威ある専門職はたくさんあるが、公表されている『国勢調査』のデータだけでは、医師と看護師や、大学教授と幼稚園の先生を区分することができない。

プロフェッショナル職種についている人（個人事業経営者を除く、役員または雇用者）の割合が一番多いのは、やはり港区だ。特にクオリファイドな職種の多さが目立つ。2位は渋谷区で、こちらはクリエイティブな職種が多い。以下、中央区、杉並区、世田谷区、文京区、目黒区と続く。

「三高」七強の中では千代田区が14位と大きくランクを落とすが、クオリファイドな職種に限れば3位。医師を加えると、順位がもっと高くなるかもしれない。七強以外で上位にランクインした杉並区は、渋谷区と同様クリエイティブな職種が多く、「杉並文化人」の伝統が健在であることをうかがわせる。いずれにせよ、こうした権威あるプロフェッショナル職の集積も、「三高」の主要な構成要素のひとつであると考えて間違いないだろう。

【注】２００５年と比べた２０１０年のエスタブリッシュメント層の割合は、豊島区でも大きく上昇している（千代田区、港区に次ぐ3位）。ただし、これは２０１０年に「従業上の地

位不明」という人が多く発生したことに伴う、見かけ上の結果だと考えるべきである。

「三高」は勝ち組、「三平」が負け組という認識は正しいのか

やや前に『年収は「住むところ」で決まる』（エンリコ・モレッティ著、安田洋祐解説、池村千秋訳、プレジデント社刊）という本が刊行され、話題となった。原題は『THE NEW GEOGRAPHY OF JOBS』。邦訳の副題は「雇用とイノベーションの都市経済学」。副題のとおり相当に堅い本だ。それが話題を呼んだのは、絶妙なタイトルをひねり出した翻訳者や編集者の「技あり」に帰するところが大きいだろう。

この本は、いろいろな読み方ができる。

一方の典型に、「発展するまちに住むことが成功の秘訣だ」と、港区をはじめとする都心への移住礼賛の根拠とする説。マスコミは、程度の差こそあるものの、基本的にはこれにくみする論調が多い。

もう一方の典型は、イノベーティブな産業を興すことができれば、どこであろうと経済を活性化させることができると捉えるもの。工業団地を造成して、企業を誘致すれば地域が潤う時代ではなくなった。たとえハイテク分野であっても、工場誘致の未来は厳しい。これに

対して、バイオやライフサイエンス、あるいはITを活用した情報通信産業と聞くと、それだけで明るい未来が頭に浮かんでくる。「イノベーション」は地方創生の重点キーワードとされ、「ネコもシャクシもイノベーション」の感すらある。

ところが、ことはそううまく運ばない方が多い。理由は農作業と同じで、豊かな実を結ぶには土壌がその作物に適しているかが重要であり、適していない場合には長い時間をかけて土づくりから始めなければならないからだ。

では、イノベーションは、どんな土壌の中から生まれるのか。

図表17は、研究者と技術者を合わせたイノベーティブ職の総就業者に占める割合を示している。23区で一番イノベーターが多いのは、大学都市の文京区でも、カタカナ名前の新しい情報通信ビジネスが集まる港区でもない。東京最大のものづくりのまち、大田区だ。

東京の「三平」のまちは、ものづくりのまちが多い。特定業種の「産地」を形成するまちが多いのも特徴である。大田区の金属機械部品、葛飾区のおもちゃ、北区の印刷、板橋区の精密機械、台東区や墨田区の皮革製品などがその代表例といえるだろう。

同業といっても、一国一城の主である町工場の事業主たちは、それぞれに得意分野がある。複雑な注文が入ったとき、彼らは「仲間回し」と呼ばれる横の連携で、発注者のニーズに応

図表17 イノベーティブ職の割合（2010年）

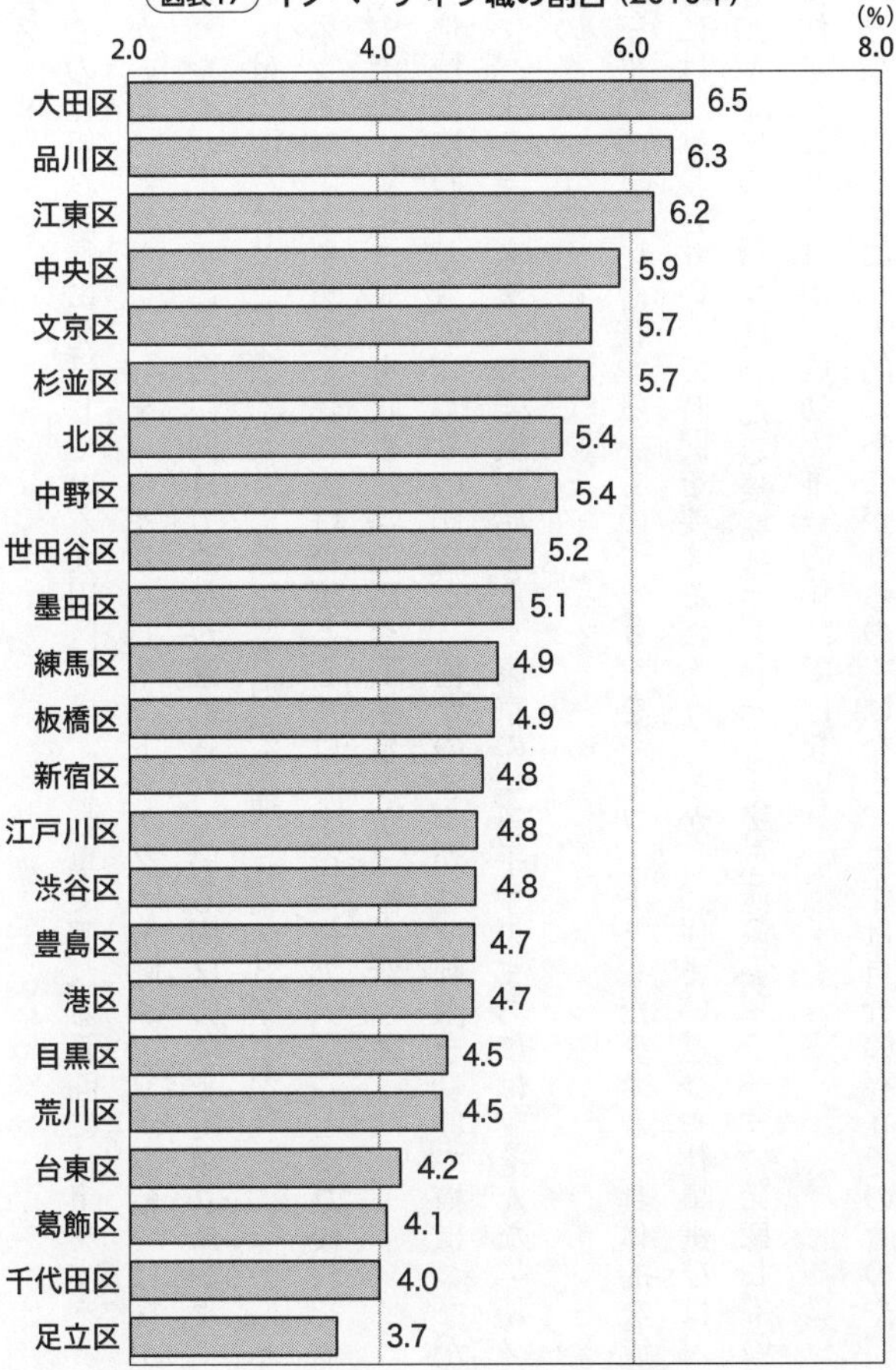

＊「イノベーティブ職」＝「研究者」＋「技術者」と定義したときの総就業者に占める割合。
出所：『国勢調査』

える。

この仕組みが特に発達している大田区では、自転車で回れる範囲に仕事を支え合う仲間たちがいることから、これを「ちゃりんこネットワーク」と呼ぶ。ソチ五輪では採用とならなかったが、次の平昌大会に向けて改良が進められている同区の「下町ボブスレープロジェクト」は、「ちゃりんこネットワーク」の実力が発揮された好例である。

ネットワークを東京全体に広げた例としては、宇宙技術で大阪にとった後れを取り戻すべく、深海に挑んで成功を収めた「江戸っ子1号」が記憶に新しい。

地域に培われたものづくりの伝統が、何かのきっかけで刺激を受けて横につながったとき、イノベーション産業への発展が始まる。東京の「三平」のまちには、そんな「イノベーションのタネ」が豊かに眠っている。

「三平」のまちに潜在する「ものづくり」をキーワードとしたタネが、具体的な成果をあげるには、はっきりいって時間を要するだろう。しかし、住まい選びや仕事選びは、少なくとも20~30年のスパンにわたる長期戦略として考える必要がある。「今」発展しているまちに移住することだけが、成功の唯一の秘訣ではない。

「三高」のまちに一方的にあこがれるのではなく、まずは自分の存在そのものや、あなたならではの価値基準を再確認してほしい。そんな目で見直せば、今までと違ったまちが顔を出し、あなた自身が選ぶ「勝ち組」のまちと「負け組」のまちが見えてくるのではないだろうか。

第4章

23区の通信簿

強い区に厳しく、弱い区に甘い23区通信簿

これまではテーマに沿って23区を横断的に見てきたが、この章では23区それぞれについて、その実力を評価していこう。

とはいっても、取り上げることができる領域は限られるから、総合的な通信簿とはなっていない。しかも、この通信簿の評点者（つまり筆者）はかなり偏っていて、強い区には厳しく、弱い区には甘いという傾向があることもご容赦いただきたい。しかし、そもそもこの本は、常識を覆すことをひとつの主題としている。強い区の強み、弱い区の弱みは、恐縮ながら読者の皆様の「常識」で補っていただければ幸いである。

取り上げる区の順番は、図表１に示した『実はどこにあるかわからない東京23区』の知名度の高い順とした（ＡからＤまでクラス分けしているのはご愛嬌）。

Aクラス

1、新宿区——カオスが生み出す光と影

新宿区は「ひとり暮らし天国」

第1回の『国勢調査』が行われたのは1920（大正9）年にさかのぼる。

その結果を見て、衝撃が走った。わが国の家族形態の基本と考えられていた、多世代が同居する直系家族世帯が3割にとどまる一方で、核家族が54％と過半数を占めたからだ。核家族化の進展というと、戦後高度成長期のできごとのように考えがちだが、実はわが国は、大正時代から核家族化していたのである。

2010年の『国勢調査』の結果でも、小さな衝撃があった。「標準世帯」という言葉があるように、世帯構成の典型とされる夫婦と子どもの世帯（27・9％）よりも、ひとり暮らし（32・4％）の方が多くなったのだ。衝撃が小さかったのは前もって予測できていたからで、内容を考えると核家族化より衝撃的かもしれない。

ひとり暮らしと聞いて、親元を離れて暮らす学生のイメージが浮かんできた方は、古い「常識」にとらわれている。ひとりで暮らしている人のうち、学生の年代に相当する21歳以下の割合はわずかに６％しかない。20代以下にまで広げても22％にとどまり、30代が16％、40代が12％、50～64歳が20％、65歳以上が30％。今やひとり暮らしは、あらゆる世代に共通した存在である。ここには、家族を単位に行動するという人間の生物学的な特徴が、現代の日本では通用しなくなったという事実が示されている。

その中でも、時代の先端を突き進むのが東京。

２０１０年の東京23区のひとり暮らし世帯の割合は49・１％にのぼり、夫婦と子どもの世帯（21・５％）の２倍を超える。

東京の、さらにその先端を走るのが新宿区である。

新宿区のひとり暮らし世帯の割合は62・６％。もちろん、23区で一番高い。新宿でひとり暮らしをしているのは、若い世代だけではない。65歳以上の高齢者に占めるひとり暮らしの割合も23区で一番多い（23区平均＝26・０％、新宿区＝33・７％）。新宿は、あらゆる世代に共通した「ひとり暮らし天国」なのだ。

新宿区にひとりで暮らす人が多いのは、ワンルームマンションをはじめとするひとり暮らし向けの住宅が多いこと、飲食店やコンビニエンスストアなどのひとり暮らしをサポートする環境の整っていることが大きな理由となっている。

しかし、需要と供給は裏表の関係にあり、需要が多いから供給が増えたのか、あるいは供給が多いから需要が高まったのかは、ニワトリとタマゴの議論になってしまう。間違いないのは、新宿にはひとり暮らしであれ何であれ呑み込んでしまう、「混在の文化」があることだ。だから、家族単位で暮らすという人間にとって本来的な行動から外れたひとり暮らしの人たちにとって、新宿は何とも住みよい場所となる。

新宿における「混在の文化」は、ひとり暮らし以上にマイナーな存在である外国人の動向を見ると、一層よく理解することができる。

混沌がもたらす課題

２０１５年1月現在の『住民基本台帳』人口によると、新宿区の外国人の割合は11％を数える。２位以下は、８％弱のドングリの背比べ状態で豊島区、荒川区、港区が続くから、新宿区には飛び抜けて外国人が多い。

豊島区は、近年中国人が急増しており、区内に住む外国人の56％を中国人が占める。荒川

大久保コリアンタウン。「韓流」で演出された、カラッとした明るさが真骨頂だ。

区にはいわゆる「オールドカマー」のコリアンが多く、港区には欧米系の外国人が多い。これらに対して新宿区は、大きく分けるとアジア系が中心となるものの、その母国は中国、韓国、ベトナム、ネパール、ミャンマー、タイなどが雑多に入り交じっている。

社会的な少数派である外国人は、同胞が集まり、支え合っていかないと生きていきにくい。このためエスニックタウンが形成される。東京のエスニックタウンで最もよく知られているのは、江戸川区西葛西のインド人コミュニティだろう。

新宿区にもエスニックコミュニティは存在する。たとえば、大久保のコリアンタウン。しかし、そこには韓流ブームを背景として作られた一種の「テーマパーク」的な様相が否定できない。一方で高田馬場のミャンマー人コミュニティは、正真正銘の自然発生型エスニックタウンだ。しかし、ミャンマー人は新宿区に住む外国人の3％にしか過ぎない。

新宿の外国人の多くは、新宿のまちの中に溶け込んで生活している。それは、まさに「混在」としか呼びようがない姿だ。欧米人は整然とした秩序を好むが、アジアの人たちはアジア的カオスの中に居心地のよさを感じる。そうだとしたら、新宿の最大の特徴は、「混在」というよりも、「混沌」と呼んだ方がいいのかもしれない。

もちろん「混沌」がもたらす課題もある。犯罪の多発は、その最たるものである。2013年の刑法犯認知件数は23区中3位。重要犯罪を罪種別に追うと、殺人、強盗などの凶悪犯2位、暴行、傷害、脅迫などの粗暴犯1位、詐欺をはじめとする知能犯1位。面積で標準化した犯罪の発生密度はもっと顕著で、知能犯の2位以外、すべてが23区最悪の数値を示す。

刑法犯認知件数の発生密度は1㎢あたり約460件。1キロメートル四方の範囲内で、平均して1日に1・3件の犯罪が発生していることになる。発覚していないものや、警察に通報されなかったものを加えると、もっと多くなることは間違いない。新宿は、まさに犯罪と隣り合わせの状況にある。

ひとり暮らしも、外国人も、さらには犯罪の多発という影の部分も、その深い懐の中に抱え込みながら、新宿には今日も「混在」が生み出すエネルギーが渦巻き続けている。

2、渋谷区――企業依存の「いびつ」な文化

渋谷は東京の片田舎だった

のどかな里の風景をつづった『春の小川』の歌詞も、「コトコトコットン」の繰り返しが印象的な『森の水車』の軽快なメロディも、実はここ、渋谷を故郷とする。信じられないかもしれないが、大正時代まで、渋谷は東京の片田舎だった。

渋谷に新しいまちを拓いたのは、東急の総帥、五島慶太である。１９２７（昭和２）年、東横線の渋谷駅が開業。１９３４（昭和９）年には、関東初のターミナルデパートとして、東横百貨店（のちの東急東横店東館）がオープンする。

渋谷のまちに次のエポックが始まるのは１９６４（昭和39）年。この年に開催された東京オリンピックのメイン会場となったのが外苑前の国立競技場。選手村として、戦後駐留米軍の住宅団地として使用され、オリンピック直前に返還されたワシントンハイツ（現・代々木

公園）が使用される。

今はなき、東横線渋谷駅のカマボコ屋根の旧駅舎ができるのが同じ年の5月。翌1965年には、これも現在閉鎖された東急プラザがオープン。だが、この当時渋谷にあった他の大型商業施設は、東急文化会館（現・ヒカリエ）程度のさみしいものだった。

東急本店がオープンするのは1967年で、これを契機に駅前と道玄坂の一核一線だった渋谷のまちが面的な広がりを見せ始める。翌1968年には、西武百貨店が開業し、東急のまち渋谷に西武資本が参入。西武は、1973年にパルコをオープンさせ、駅前の西武百貨店からパルコを経て、渋谷区役所・渋谷公会堂をつなぐ坂道（公園通り）が新たな賑わいを呼ぶようになる。

その後、東急による東急ハンズ、109、Ｂｕｎｋａｍｕｒａ、マークシティ（京王との共同開発）、そして西武によるパルコの拡大、ロフト、ゼロゲートという出店合戦は、まさに陣取りゲームを見るようだ。

東急も西武も、「文化」を事業戦略の柱に据える企業であり、両社はこぞって「渋谷文化」の発信に重きをおいた。ターゲットが、東横線、田園都市線、井の頭線の沿線に広がる、山の手「三高」住宅地であったことは言うまでもない。

しかし、渋谷の発展により強く反応したのは、「団塊の世代が作った若者まち」新宿に飽き足らない若者たちだった。アメリカンカジュアルをまねた「シブカジ」の時代は、まだ東急、西武が考える「文化」の延長線上にあったかもしれない。しかし、彼らは、チーマー、ガングロ、ヤマンバと、とめどない自己発展を続けていく。

こうして渋谷は、休日になると関東一円から、さらには全国からコギャルやギャル男が集まる「いびつな文化」のまちとなっていく。

いびつなまちのこれから

もちろん渋谷には本来的な「文化」の基盤があり、その根は今も健在である。たとえば、ファッションの分野だ。

男子服、婦人・子ども服、靴・履物の小売店舗数は、そのいずれにおいても23区一の集積を誇る。『東京都福祉・衛生統計年報』による2013年度末の美容所（美容院）の店舗数も1位。美容師の数に至っては、23区全体の6分の1に相当する7千800人が渋谷区に集まり、2位の港区（4千400人）を2倍近くも上回っている。

ファッションと同様に「渋谷系」と呼ばれるジャンルがある音楽の分野でも、渋谷は東京随一の集積がある。1990年にHMVの1号店がオープンしたのも渋谷だった。2007年の『商業統計』では、書店の売上高も渋谷区がダントツの1位を誇っていた。

かつて渋谷には、大盛堂書店、紀伊國屋書店、三省堂書店、旭屋書店などの有名大型書店が軒を連ねていた。現在、これらのすべてが閉店、ないしは大規模な縮小を余儀なくされ、2010年に東急本店内にオープンしたMARUZEN&ジュンク堂書店が、かろうじて「教養の火」を守っているにとどまる。

大型書店が減ったのは、活字離れが進んだ時代の流れの結果だといえなくもない。しかし神田には、今も変わらず書店の集積が維持され続けている。渋谷から書店が消えたのは、ここが効率性を最重視する企業資本によって造り出されたまちであるからにほかならない。内発的な力が弱く、それゆえに内発に委ねるととんでもない方向に突き進んでしまうことが、渋谷のまちの形成過程にまでさかのぼる大きな課題として横たわっている。

そんな渋谷にも、内発的な力による発展を志向した時代があった。

90年代末〜00年代初めにかけてのIT景気と呼ばれた短い期間である。この時期、渋谷にはマンションオフィスに拠点を構えてITビジネスに参入するベンチャー創業者が続々と現れ、「渋谷ビットバレー」と称される活況を呈する。

図表18　渋谷区の人口増加率

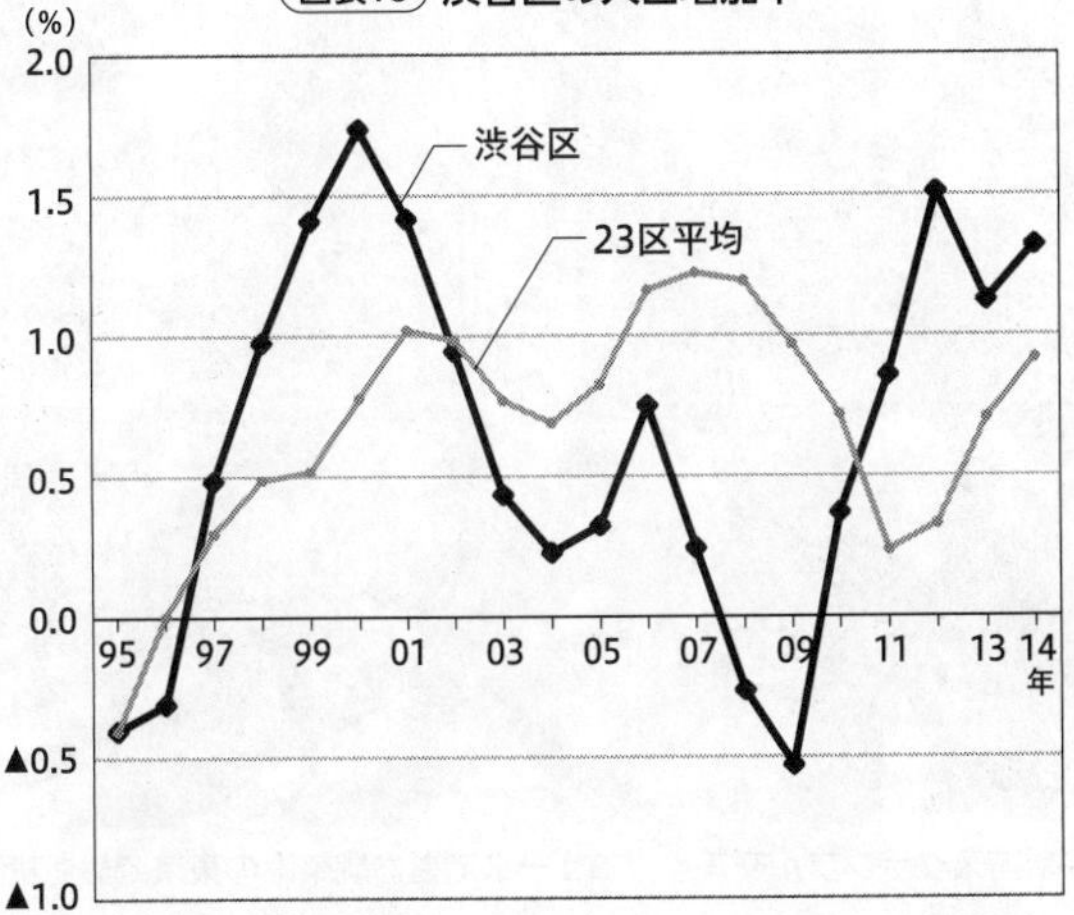

出所：『東京都の人口（推計）』（東京都）

しかし、ＩＴバブルは瞬く間に崩壊し、以後渋谷は長い冬の時代を余儀なくされる。図表18に示すように、１９９８〜２００１年の４年間、渋谷区の人口増加率は23区の平均を大きく超える勢いを見せたが、ＩＴバブル崩壊後は23区の平均を下回るようになり、08〜09年にかけては人口減に落ち込んでしまう。

他の区が着実に人口を増やす中で、渋谷区の人口減少はＩＴバブルの後遺症がいかに大きかったかを物語っている。

苦節の10年を経て、２０１１年以降渋谷区の人口増加率は再び23区の平均を上回るようになる。

その契機となったのは、２０１２年４月

渋谷駅前スクランブル交差点。ニュースでもお馴染みの東京で最も東京らしい場所。

のヒカリエ開業、さらにはこれを第1弾とする渋谷駅前の再開発への期待である。その主導的な役割を担うのは、やはり東急資本だ。

　企業が舞台を造り、その舞台の上であたかも自分が主役であるかのような錯覚を演出することで、消費は生み出されていく。サッカーの主要な国際マッチがあったとき、渋谷のスクランブル交差点に繰り出す人たちも、ハロウィンに仮装してまちでおどける人たちも、皆この錯覚の上に立った「自称主役」たち。これをよしとするか、悪しきとするかは、見方によって180度答えが異なってくる。

　しかし彼らを含めた情景が東京の象徴であることも、また紛れのない事実である。

3、品川区——商店街に象徴される「お節介タウン」

何でもあるけれど何もない

品川区には何でもある。北部の山手線の内側は、東京有数の超高級住宅地だ。瀟洒な環境に豪邸が居並ぶまちにたたずむと、ここは港区か目黒区かと錯覚しそうになる。しかし、池田山も島津山も長者丸も、住所は間違いなく品川区だ。

大崎や天王洲アイルの駅前には、再開発によって高層のオフィスビルやマンション、ホテルなどが集まる新たなシティコアが形成されている。そうかと思うと、五反田駅の南側には、今もディープな夜のまちが連なる。

品川区は、先端産業の揺りかごでもあった。その代表は、品川を実質的な創業の地とするソニーだろう。

かつて北品川の御殿山には、ソニーの本社をはじめ様々な施設が集積する「ソニー村」と呼ばれる一角があった。日本精工や日本ペイント、明電舎も品川を発祥、ないしは業容拡大の拠点の地とする。

北部一帯は、卸売業の一大集積地だ。ウォーターフロント部は、東京電力の品川、大井の両発電所が稼働する産業エリアであると同時に、八潮パークタウンをはじめとした先端住宅エリアでもある。

そして、区内の西南部一帯には、「品川らしさ」を印象づける住工商の混在地帯が広がる。「何でもある品川区」は、同時に突出した特徴に欠ける「何もない品川区」と表裏一体の関係にある。同様に「何でもあり」の新宿区が、諸々の要素が溶け込んで混じり合った「チャンプルータウン」の様相を示すのに対し、品川区は個々の要素がバラバラに存在する「オムニバスタウン」にとどまる。このため品川区には、新宿のように多くの要素が融合し、新しい魅力が生み出される、というダイナミズムが欠けている。

「何もない品川区」の姿は、統計データを見てもはっきりと表れてくる。主要な統計指標の23区中の順位を以下に列挙してみよう。

人口10位、面積10位、人口増加率12位、人口密度12位、15歳未満の子ども人口比率14位、6歳未満の幼児人口比率11位、65歳以上の高齢化率13位、昼夜間人口比率9位、事業所数12位、小売業販売額11位、工場数10位、製造品出荷額等12位。どの指標も23区の中ほどにあり、高いわけでもなければ低いわけでもない。第3章に示した「三高」に関するデータも、やはりいずれも真ん中あたりだ。

カギを握るのは〝お節介な〟商店街

何もないと連呼していると、「いや、品川区には23区随一の商店街の集積があるではないか」、こんな声が聞こえてきそうだ。ただし、あくまでデータで見ればだが、これまたあまりパッとしない。

商店街の数は7位を示すものの、面積で標準化した商店街の密度は9位に落ちる。２００7年の『商業統計』に基づく専門店の販売額は11位だし、人口あたりの専門店販売額は８位にとどまり、商店街のメッカと呼ぶにはもの足りない。

実は品川区の商店街は、データで示される数や売上高より以上に、その配置に妙がある。「駅前商店街」という言葉があるように、商店街は人が集まる駅前が最適立地とされる。実際、東京で活力を維持している商店街は、砂町銀座など一部の例外を除き、その大部分が駅前型に分類される。ただし地下鉄駅は、概して商店街の形成力が弱い。様々な理由が考えられるが、駅が目に見える形で存在するというシンボル性が、ひとつのカギを握っているのではないだろうか。見える駅でも、新交通システムや路面電車のように輸送力が限られる

武蔵小山・パルム商店街。人呼んで「横のデパート」。ともかく便利で、何でもそろう。

場合には、やはり商店街形成力は弱くなる。

図表19は、エリア限定型である路面電車を除いた区別の駅の数を面積で標準化した、駅密度を示した結果だ。上位には中心区が並ぶが、これらは地下鉄駅によって数を稼いでいる。商店街の形成と深く結びつくJRと私鉄の駅密度は、品川区が一番高い。

加えて、品川区では「鉄道網」の言葉さながらに、鉄道が東西・南北両方向に発達している。このため、湾岸道路以東の無住エリアを除く区内のほぼ全域が、鉄道駅から半径800mの徒歩圏内に入る。この抜群の鉄道利便性が、区内を切れ目なく覆い尽くす商店街網の基盤として存在しているのである。

品川区において特徴的な、コミュニティに

図表19　鉄道駅の密度（2013年）

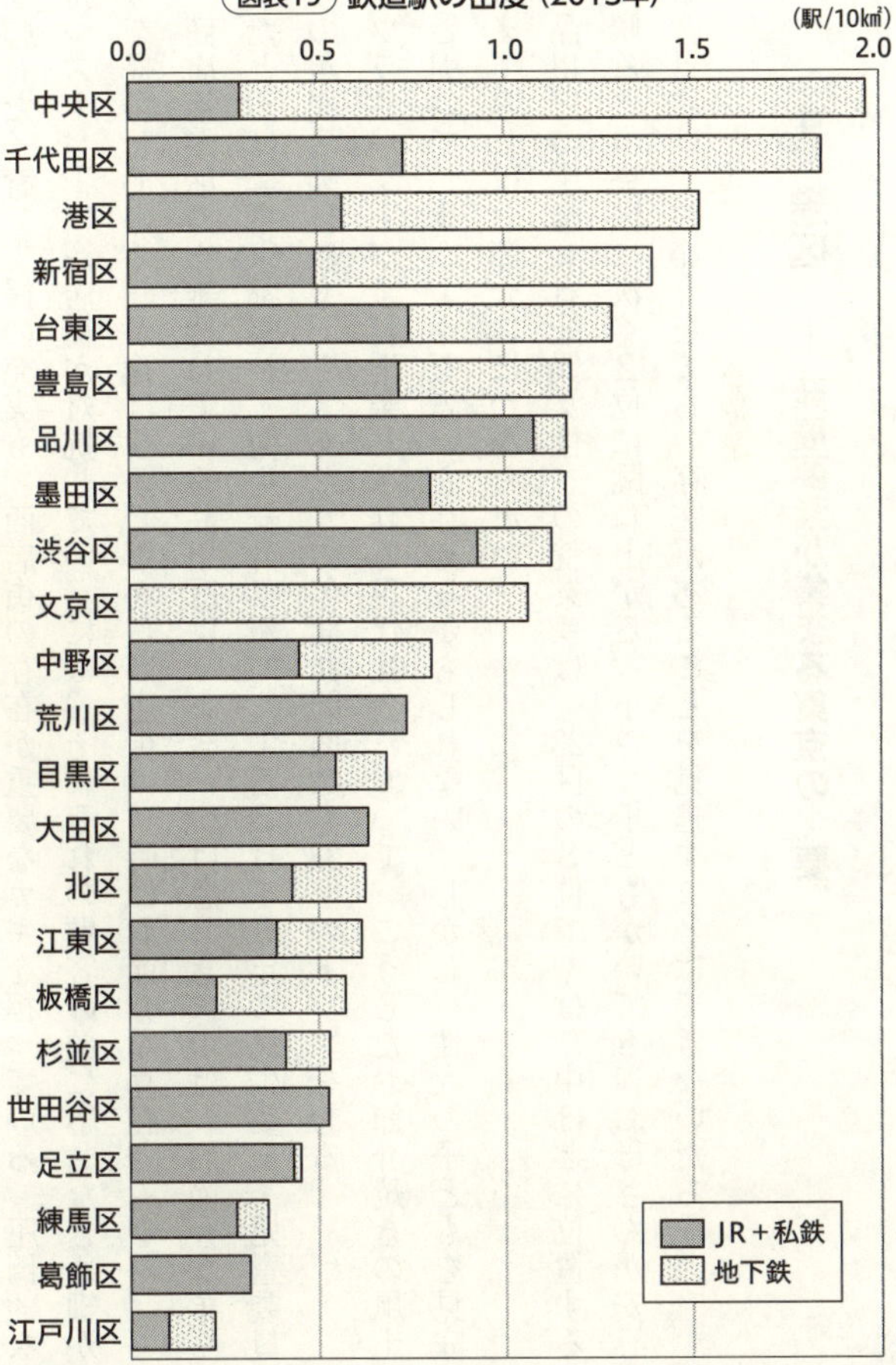

＊路面電車を除く。複数の区にまたがる駅は、各区に按分した。乗換駅は駅名が異なってもひとつの駅と数えた。
出所：『東京都統計年鑑』（東京都）

立脚した子育て支援の充実も、商店街の存在が重要なカギを担っている。圧倒的な販売力を持つスーパーに商店街が対抗していくには、それぞれの顧客の顔に応じたきめ細かなサービスを提供していくしか途はない。だから商店街は、時にお節介な存在ともなる。

商店街が活力を維持している品川区は、よきにつけ悪しきにつけ、お節介なまちでもある。たとえば『東京都福祉・衛生統計年報』による2013年の民生委員・児童委員1人あたりの年間活動日数も、1人あたりの年間訪問回数も23区のトップを誇る。

プライバシーが金科玉条とされる現代社会において、こうしたお節介焼きの風土は、ちょっと引いてしまうような思いを与えるかもしれない。しかし、他人の子どもを見守ることは、考えてみればお節介にほかならない。

品川区の主婦(有配偶女性)の就業率は、23区の8位でやはり中ほどに位置するが、30代に限ると中央区に次ぐ2位に跳ね上がる。小さな子どもがいても、お母さんが安心して働ける背景には、お節介なまちの存在があることを見逃すことはできないだろう。

4、港区 ——発展要素が集まる東京の〝要〟

所得水準トップ区の実態とは

「シロガネーゼもダラシネーゼ」。北斗晶さんのキャラクターとも相まって、このCMが話題になったのは２００５年。時あたかも、港区にすさまじい「富の集中」が始まったタイミングと重なる。

バブル後期の90年代初めごろから、港区内には地上げされた土地に「億ション」が建つようになる。しかし90年代を通じて、それらは点として、あるいはごく狭いエリアとして存在しているだけにとどまっていた。

かつてこんな笑い噺があった。六本木にはじめてやってきた人が、高速道路が頭上を覆う六本木交差点に立って、道行く人に聞いたとさ。「あの、六本木にはどう行けばいいのでしょうか？」

六本木ヒルズがオープンしたのが２００３年。ミッドタウンと国立新美術館の開業が２００７年。それまでの六本木は典型的な夜のまちで、昼には殺伐とした雑居ビルの群れがあるだけだった。

「六本木はどこですか？」と言われた当時の港区で繁華な場所というと、サラリーマンのメッカ新橋、特殊法人が集まる虎ノ門、六本木と同様に夜のまちだった、赤坂くらいだろう。

白金の住宅地。瀟洒で洗練されたまちの中に、セレブたちが暮らす。

青山通りや六本木通り、桜田通りなどの沿道には店舗やオフィスが集まっていたが、一歩裏に入ると民家が軒を連ねるというのが実態だったのである。

港区のシンボル東京タワーを、地方出身者の東京暮らしのシンボルにまで高め、感動的に描き上げたリリー・フランキーの小説のサブタイトルをまねるなら、「ミンカとミセと、時々、ジムショ」。それが、当時の港区の偽らざる姿だったといっていい。

港区が現在の繁栄を見せるようになるのは、21世紀に入って以降のことである。たかだか歴史が十数年しかない繁栄の底の浅い実態は、品川駅（繰り返すが品川駅は港区）、その港南口に象徴されている。

１９８０年代末から90年代の初めにかけて、ＮＴＴによるオフィスビルの建設があったとはいえ、20世紀末の品川駅港南口は、東京都の食肉市場や下水処理場以外、中日ドラゴンズの室内練習場を併設した中日新聞東京本社があるくらいで、用がない人以外は訪れることのない場所であった。

現在の港区を代表する施設は、そのほとんどが21世紀になってから建てられたものである。２０００年には、地下鉄南北線と大江戸線が開通し、麻布から白金にかけての鉄道不便地域も解消された。

発展の四大要素がそろった東京の〝要〟

港区で進む都市の改造は、高層ビルに象徴されている。『東京消防庁統計書』を見ると、13年末現在、東京23区に立つ15階建て以上の高層ビルのうち18％が港区に集まる。30階建以上のタワービルになると27％。言うまでもなく圧倒的な第１位だ。

高層ビルには、東京への一極集中の原動力となる〝就業機会〟があふれ返っている。

昼夜間人口比率は夜間人口が少ない千代田区がトップだが、昼間人口の数は港区が一番多い。

繰り返しになるが、港区の昼間人口がトップに立つのは2005年で、それほど古いことではない。さらに時代をさかのぼると、1975年には4位、1965年には6位にまで落ちていく。

現在港区に集まる企業活動の中で、特に集中度が高いのが情報通信業。成長産業の最右翼であり、港区の将来性を一層きわ立たせる存在だ。

情報通信業で働く従業者の数1位。その内訳を見ても、放送業、情報サービス業、インターネット付随サービス業のいずれも1位。映像・音声・文字制作業では、新聞・出版・広告という文字系は3位にとどまるが、映像・音声系はやはり1位の座を誇る。唯一、通信業だけは千代田区に後れを取るものの、通信業は千代田と港の両区に偏在する中でのトップ2に位置しており、23区の中で約3割のシェアを有している。

なかでも特筆すべきはソフトウエア業と民間放送業。ソフトウエア業の従業者数は2位の千代田区をダブルスコアで引き離す圧倒的な第1位。民間放送業に至っては、在京民放キー5局のすべてが港区に本社をおき、23区で働く民放社員の77％が港区に集まっている。ただし、これも21世紀に入ってからのことで、フジテレビが新宿区の河田町からお台場に移転するのは1997年、日本テレビが千代田区麴町から汐留に移転するのは2003年である。

ヒト、モノ、カネ、情報を発展の四大要素という。ヒトは昼間人口であり従業者数。モノを象徴するのは高層ビル。カネは所得水準。そして情報は情報通信業の集積。港区はこれらすべての発展要素が集まった東京の中の東京。東京の〝要〟ともいえるかもしれない。

ただし、おカネがないと暮らしにくいのが欠点だ。高級スーパーの数は多いが、ディスカウントスーパーの数は限られる。庶民目線で語るなら、「東京の中の東京」港区とは、「東京ドリームをかなえた人たちによる東京」と言い換えた方がいいかもしれない。

5、世田谷区――「奥様文化」に足を取られるキャリアウーマン

保守的で新しいものが生まれない区

世田谷区に多いものをあげていこう。

手づくりのベーカリーショップに、ケーキ店や和菓子店。生花店にペットショップ、獣医。フィットネスクラブやスイミングスクール、ヨガ教室などのスポーツ・健康教室、外国語会話教室、生花・茶道教室。これだけでも「世田谷ライフスタイル」が目に見えるようだ。

なお、青果店、鮮魚店、精肉店などの生鮮食料品店が一番多いのは、いずれも大田区。酒

店が一番多いのは足立区。そろばん塾なら東部3区がトップ3に名を連ね、世田谷区は8位。こうしたデータを見ていると、なるほど各区の特徴が見えてくる。

しかし、区の大きさには大小があるから、人口や面積で標準化してみないと本当の実力が評価できないことは、これまで繰り返し述べてきたとおり。右に記した「世田谷ライフスタイル」を語る各指標も、人口や面積で標準化すると大部分が10位以下にランクを落としてしまう。

人口1位、面積2位の世田谷区は、大きさ広さを割り引けば、これといった特徴が浮かび上がってこない。

イノベーションが渦巻く大田区、品川区。クールジャパンをリードするアニメ産業の一大集積地である練馬区、杉並区。クレジット販売という新たな消費文化を開いた「丸井」が生まれた中野区。

これら周辺の各区と比べ、世田谷区からはこれといった新しいものが誕生していないことに気づく。案外、保守的なのだ。

専業主婦文化がもたらした女性の〝低就業率〟

世田谷区の保守的な土地柄は、女性の就業率によく表れている。

女性の就業率はＭ字形を描く。若い世代は男性と変わらない高い就業率を示すが、結婚し子育ての時期に入ると働く人が減り、子どもに手がかからなくなるとパート勤めなどが増えて再び上昇。学生の年代と高齢者は就業率が低いから、年代順に「低→高→低→高→低」とＭ字を描くことになる。それでもかつてと比べると、子育て期間も働き続ける人が増え、Ｍ字の底は随分浅くなった。

わが国全体の女性就業率は、１９８５年にはＭ字の左側のピークである20代前半とＭ字の底の30代前半の間に22ポイントもの差があった。２０１０年になると、ピークは20代後半に、底は30代後半に移行するが、ピークと底の差は９ポイントに縮小している。

世のトレンドを先取りする東京ならもっとＭ字の底が浅いだろうと考えたくなるが、そうではない。２０１０年の東京23区のＭ字のピークと底の差は14ポイントで、全国平均を上回っている。世田谷区はこの差が18ポイントを数え、23区平均よりもさらに大きい。

Ｍ字の底を作るのは、子育て期間の主婦である。この世代に相当する35〜45歳の有配偶女性の就業率は、全国の60・７％に対して東京23区は56・１％、世田谷区は23区最低の51・８％にとどまり、全国平均と比べて10ポイントも低い。ちなみに、22位は杉並区、21位は練馬区、20位は目黒区と、若い主婦の就業率が低い区は、西部山の手エリアに集中していることがわかる。

かつて、農家でも商店でも町工場でも、主婦は主要な労働力だった。仕事と家事、子育ての一人三役が、女性の肩にのしかかっていた。母の苦労を目にして育ってきたから、高度経済成長の時代に集団就職で上京してきた娘たちは、サラリーマンと結婚し、専業主婦になることを夢見た。彼女たちの思いはやがて結実し、サラリーマンの居住地である西部山の手エリアに、専業主婦が生み出す「奥様文化」が根づいていった。

『都内保育サービスの状況』を見ると、２０１４年の世田谷区の待機児童の発生率は７・８％と13人に１人の割合にのぼり、23区最悪の数値を示す。

保育サービス利用者数を未就学児の数で割った保育施設の充足率も30・８％。これも23区で一番低い。トップの荒川区（47・０％）とでは、実に１・５倍以上の差がある。

しかし見方を変えれば、「奥様文化」の頂点に立つ世田谷区は、そもそも子どもを預けてまで働くという風土そのものが、弱いまちだということもできるだろう。働いていたら、今日は英会話、明日はヨガ教室、明後日はお花のお稽古といった生活など送れないし、フルタイムの勤めでは、庭や部屋の中を花で飾ったり、ペットを飼ったりすることもままならない。

桜新町。長谷川町子が住んだこのまちは、サザエさんが暮らす古き山の手のモデル。

東京の東部には、おかみさんが支える「下町文化」が存在する。こちらは家業と密接な関係にあるから、自ずと主婦の就業率が高くなる。有配偶女性の就業率のトップは台東区。以下、中央、墨田、千代田、荒川の順で、日本橋を擁する中央区、神田の千代田区を含め、大きく下町とひとくくりすることができる。

これに対して、「世田谷ライフスタイル」に象徴される「山の手文化」は、専業主婦によって支えられてきた。男たちが都心で働く中で、「山の手ステータス」そのものが専業主婦の存在を前提にして成熟してきたともいえる。

住みたいまちとして、よく名前があがる世田谷区。ここでの暮らしを望む女性たちは、

「奥様文化」の後継者たらんとしているのだろうか。それともキャリアウーマンとしてバリバリと働きながらも、「奥様文化」を満喫したいと考えているのだろうか。

もし、望みが後者だとしたら、そこには大きな矛盾が横たわっているようだ。

6、目黒区 ――ブランドタウンは財政難

女性が多いのが「ブランド」の表れ

女性を100としたときの男性の割合を性比という。わが国の平均は94・8、東京23区では97・3で女性の方が多い。女性が多いのは女性の方が長生きだから。5歳未満の幼児の性比は、全国、東京23区ともに104・8で男性の方が多い。生まれてくる子どもに男性の方が多いのは、生物学的に男の方が死亡率が高いことを見越した、神の摂理によるものだ。

ただし、性比は社会的要因によって大きく変動する。仕事の機会が豊富な東京は、かつては男性優位の社会だった。東京都の性比が100を下回り、女性の方が多くなるのは2000年。23区では1990年以降のことである。

区別に見ると、性比にはかなりの違いがある。性比が低く、男性に比べて女性が多い区の

筆頭は目黒区。以下、港区、渋谷区、文京区、世田谷区の順で続く（次ページ図表20）。この顔触れは、どこかで見た覚えがある。第1章で取り上げた、リクルート住まいカンパニーの「住みたい区ランキング」結果だ。

あらためて紹介すると、東京23区に限った順位は、世田谷区、港区、目黒区、文京区、杉並区。性比が三番目に低い渋谷区は「住みたい区」の7位、「住みたい区」で5位の杉並区は性比が六番目に低い。両者の上位陣はほぼピタリと一致している。

リクルート住まいカンパニーの調査による「住みたい街（駅）」のランキングを、23区内に限ると、恵比寿、目黒、品川、中目黒、表参道の順になる。

目黒駅の住所は品川区だが、調査に答えた人の多くはその事実を知らないはずだから、トップ5の中に目黒区がふたつ入っているといってもおかしくはないだろう。

同様に「住みたいまち」のアンケート調査を行っている『東京ウォーカー』の２０１５年2月17日発行号によると、23区のトップは自由が丘で、同誌の調査では常に自由が丘が上位を保ち続けている。「住みたい鉄道路線」は、目黒区を南北に貫く東横線が38%を占め、２位の中央線（14%）を大きく引き離す。

リクルートと東京ウォーカーではターゲット層に差があり、それが前述の結果に表れてい

図表20 性比（2010年）

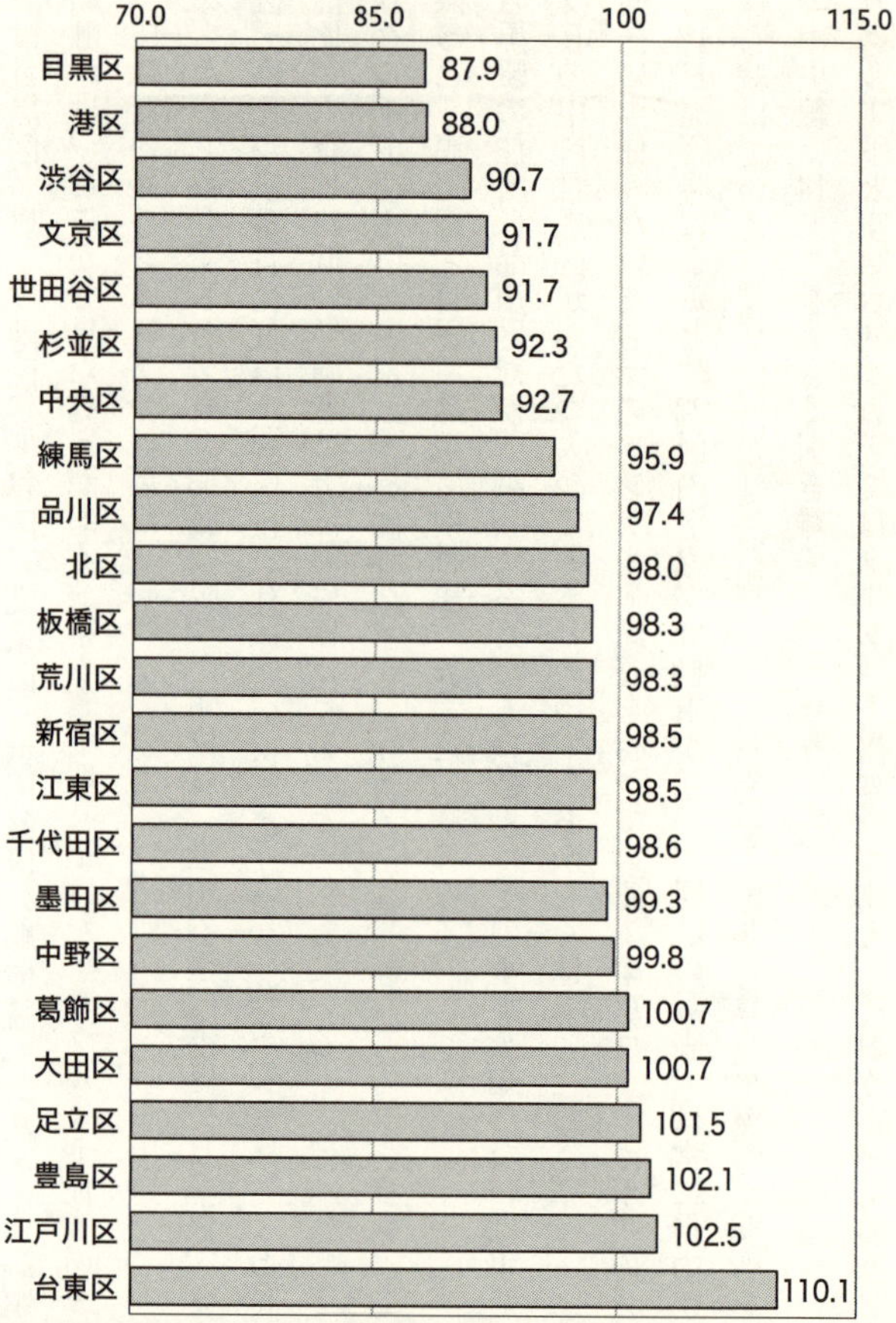

＊女性＝100としたときの男性の割合。
出所：『国勢調査』

自由が丘。あこがれのまちに、子連れの若い母親たちが集う。名づけて「ベビーカー軍団」。

ると思われる。ただ、総じて、目黒区が「あこがれのまち」の上位にあることに変わりはない。

なぜ性比の差が生まれ、それが住みたい区の結果と一致するのだろうか。家族で暮らしている人は、基本的には男女がカップルで生活しているから、性比の差は主としてひとり暮らしの存在によってもたらされる。しかし、性比が低いトップ3のうち、3位の渋谷区は女性のひとり暮らし比率が1位を示すものの、2位の港区は同8位。性比が一番低い目黒区は12位と、必ずしもつじつまは合っていない。

そこで、男性のひとり暮らしの割合と女性のひとり暮らしの割合の差を取ってみよう。男性の数値の方が高い区が大部分を占める中で、女性の方が高くなる区が三つある。順に、目黒、港、文京だ。世田谷、渋谷でも両者の差が接近している。

逆に男性の数値が女性を大きく上回るのは、高い順に台東、千代田、豊島、江戸川、中野。このデータは、ひとり暮らしであるがゆえに明確化する男女の居住地選好の差をよく表している。

女性が好むのは「三高」の区。正しくは、千代田区と中央区を除いた「三高のブランド住宅区」となる。一方、男性が好むのは、江戸川区を除くと都心への通勤が便利な区が並ぶ。リクルートや『東京ウォーカー』の調査を見ると、「三高ブランド住宅区」に住みたいと望む気持ちは男女に共通している。女性には、これを実現させる実行力がある。一方男性は、希望はあくまで希望にとどめ、実利を優先する。男と女の間に横たわる本質的な違いが、性比の差を生んでいるとするなら、何とも奥が深い結果である。

ハイソな区に潜む、財政とコミュニティという急所

女性が好む、お洒落でハイソなまち目黒。実はここにもリスクがある。その最たるものは財政面の課題だろう。

2003年、中目黒の現庁舎に移転した目黒区は、これに250億円近い財源を費やした。昭和を代表する建築家である村野藤吾が設計した旧千代田生命本社ビルを、同社の破綻を受けて買い取ったものであり、名建築を残してコンバージョン利用したことの意義は大きい。しかし大きな出費は、区が主導して進めた都立大学移転跡地の再開発など大型事業の費用と合わせて、区の財政を圧迫することになる。特に、リーマンショック後の09年度以降、歳入は大きく落ち込み、このままでは赤字に転落する恐れが生じるようになる。

2012年度から取り組まれた「身を切る改革」によって、現在最悪の事態は脱却できたものの、それでも13年度末の1人あたりの区債残高（借金の額）は23区中最高。逆に1人あたり積立金残高（貯金の額）は墨田区に次いで低い。

コミュニティが支え合う共助の力の弱さも、大きな課題とされてきた。わずかな手当は出るが、基本的にボランティアである消防団は、共助パワーを測る恰好の指標となる。『東京消防庁統計書』による2009年3月末の消防団員充足率（定員数に対する現員数の割合）は、23区平均の93・2％に対し、目黒区は80・2％で23区最悪の水準にあった。これが14年3月末には、充足率100％に改善されている。

なぜ急速に改善できたのか。その秘訣は、女性パワーの活用にある。過去5年間で、目黒区の消防団員数は約100人増えたが、男性はむしろ減っている。その結果、現在消防団員数に占める女性の割合は35・2％に。23区平均（17・0％）の2倍を超えて一番多い。消火活動は男の出番だろうが、消防団の仕事には日ごろの防火・防災・減災活動の広報・普及など、女性の方が適している仕事はたくさんある。

今どきの目黒区の女性は、ブランドを追いかけているだけではなさそうだ。「女性のまちは女が守る」。消防団員の3分の1以上が女性という実態からは、そんな気概が伝わってくる。

Bクラス

7、中野区――開発しつくされたまちは若者をつなぎとめられるか

人口密集度の高さに反比例する子どもの少なさ

今も歌い継がれているフォークソングの名曲、『神田川』。その舞台は、高田馬場駅の東側

あたりが有力だとされる。

ところが、歌詞碑は中野区の末広橋のたもとに建っている。なぜ中野区なのかはよくわからないが、歌の世界と中野区のイメージが合っていることは間違いない。

2010年の『国勢調査』で、人口密度1位の座は豊島区に譲ったものの、1990～2005年の間は中野区の人口密度が一番高かった。「東京で」ではない。「全国で」だ。

ちなみに、2010年の中野区の人口密度は2万200人／㎢。23区以外の市町村で人口密度が最も高いのは埼玉県蕨市の1万4千人／㎢で、23区の平均（1万4千400人／㎢）にすら及ばない。

高い人口密度は、賃貸アパート・マンションの高密度な集積がもたらした結果だ。

民営借家の割合は23区1位。賃貸アパート・マンションを指す民営借家共同住宅の割合は、新宿区をわずかに下回るものの、トップ2の位置にある。ちなみに、中野区と同様、賃貸アパート・マンションが多い新宿、豊島の両区は、分譲マンションも少なくないが、中野区はその割合が最低で、マンションは賃貸に特化している。

合わせて、中野区のアパート・マンションは「狭い」という、もうひとつの特徴がある。民営借家の平均延べ床面積は23区最低、3分の2を床面積30㎡未満が占める。

『神田川』の時代なら、3畳1間に2人で暮らすこともあったかもしれないが、今の時代で30㎡未満となると、ワンルームから1DK止まり。ひとり暮らし向きとなる。

そこに暮らす主役は、もちろん若者たちだ。

かつて区内に大学がほとんどなかったことを反映してか、18〜19歳の割合は23区中15位、20〜21歳も7位にとどまるものの、22〜24歳は3位、25〜29歳は2位、30〜34歳は4位と、大卒後の世代になると急増する。一方で子ども世代は惨敗だ。15歳未満の子ども人口比率も、6歳未満の幼児人口比率も23区中の最低。

若者が多いから、相対的に子どもが少なくなる、という面もなくはないが、65歳以上の高齢化率は10位と高い。中野区の1㎢あたりの人口密度が2万人を超えたのは1960年のこと。人口がピークを迎えるのは1970年だが、1960年時点ですでにピーク人口の93%にまで達していた。

要するに、中野は高度経済成長期までに開発しつくされた、東京の西部地域で老舗の住宅地なのだ。そのため、シニア層の人口が多い。

中野区の子ども問題をより一層深刻化させているのは、子ども人口の減少だ。

2005年と2010年を比べると、6歳未満の幼児人口の増加率はマイナス17・4%で

23区最低。15歳未満に対象を広げてもマイナス10・２％の22位。

ちなみに、わが国全体の同期間中の子ども人口増加率は、６歳未満がマイナス４・１％、15歳未満がマイナス６・０％。中野区の少子化はその比ではない。

若者のまちは成熟できるのか

中野区は、未婚者の割合が男性３位、女性４位の独身天国だ。

30代の割合は23区の６位であるものの、30代で結婚している人の割合は21位までランクが落ちる。30代の割合は、女性８位に対し男性４位、30代の未婚者の割合は、女性の３位に対し男性２位と、若い独身男性の多さが特に目につくが、25～45歳のアラサー・アラフォー女性の未婚率も渋谷、新宿に次ぐ３位だ。そして２０１３年の合計特殊出生率は０・93にとどまり、23区で一番低い。

こうした数値が、図表５に示した「幼児人口増加特化度」を下げる背景にある。にもかかわらず中野区が「消滅」しないのはなぜか。それは若者の流入がまちを支えているからにほかならない。

わが国全体がシュリンクしても、東京への一極集中が続く限り、若者は東京に集まり続け

中野ブロードウェイ。「魔窟」と称されるオタクの聖地は、若者のまち中野のシンボル。

ていくことだろう。しかし、このまま少子高齢化が進めば50年後には人口が3分の2以下になる。そう聞くと、安閑とはしていられない。若者のまちであり続けるにしても、自ら積極的に若者を集める仕組みを作り出していく必要がある。

そのためのキーワード、それは大学誘致と産業の集積だ。かつて中野区には、東京工芸大学があるだけだった。さらに、典型的な住宅区である中野区は、区内で働く従業者数が23区の下から二番目に低く、働く場所が少ない。

中野駅前の区役所に隣接する「中野四季の都市」は、そんな中野区の課題に応えた再開発地。もともとは、元禄時代に「お犬様」を保護した「お囲い犬屋敷」。明治になると陸軍中野学校をはじめとする軍事施設が集まり、戦後は、警察大学や警視庁の警察学校に姿を変える。いずれにせよ、庶民には縁遠い場所だった。

ここに２０１２年から14年にかけて、東映アニメーションの本社等が入居する２棟のオフィスビルと、早稲田大学、明治大学、帝京平成大学の３校のキャンパスが、公園や病院などと合わせて整備された。

「弱みを埋めて、強みを伸ばす」。ビジネス本などで見かける言葉だが、具体化は難しいこの課題に、果敢にチャレンジした中野区。ひと皮むけた若者のまちの成熟に期待したい。

8、千代田区――江戸の遺産が成長の源

庶民街とお屋敷街が合体した区

「江戸っ子だってねぇ」「神田の生まれよ」「おお、呑みねぇ、喰いねぇ、鮨喰いねぇ」。森の石松が興奮したのも無理はない。神田っ子は、江戸っ子のシンボルだったのだ。

江戸の胃袋を支えたのは、海産物の日本橋魚河岸と、青物の神田やっちゃ場。当時はトラ

ックもフォークリフトもベルトコンベアもなかったから、てきぱきと商品をさばいていかないと日が暮れてしまう。冷蔵設備がない時代では、夏場は市場の中で商品が劣化してしまいかねない。だから市場で働く人たちは、ともかく威勢がよかった。

江戸男子の褒め言葉といえば「いなせな勇み肌」。江戸女子は、そんな姿を見てポッと頬を染めた。現代語に翻訳するとキップのよさを表すとされる「いなせな勇み肌」は、神田の青物市場で働くお兄さんたちを指したのが始まりとする説がある。

後で少し詳しく説明するが、戦前、東京には35の区があった。これが23区に統合されるのは戦後間もないこと。まだGHQに占領されていた時代で、アメリカ的合理主義一点張りによる、伝統や文化などお構いなしの再編整理が行われた面は否定できない。

千代田区は、このとき旧麴町区と旧神田区が合体して誕生した。旧麴町区は、ビジネスの中心の丸の内や大手町、政治と行政の中心の永田町や霞が関を含むが、これらは江戸時代には大名屋敷の集積地で、九段も番町も麴町も、このルーツに連なるお屋敷まちだった。

一方、神田エリア（旧神田区の範囲）は、江戸時代から庶民のまちで、両者はまったく性格を異にする。戦前戦後を通じてお屋敷まちの道を歩む麴町エリア（旧麴町区の範囲）と比べ、神田は一貫して商売のまちだ。

神田神保町古書店街。200店近い古書店が集まる神保町は、わが国を代表する専門店街だ。

神田の商業発展の流れは大きくふたつに分かれる。

ひとつは小売業で、その最大の特徴は専門店街の形成にある。神保町の書店街、お茶の水の楽器街。秋葉原の表通りは「萌え系」に席巻されてしまったが、一歩裏に回ると電気街はまだ健在である。

もうひとつは卸売業だ。千代田区は、中央区と並ぶ問屋の集積地であり、23区内の卸売業事業所の2割以上がこの両区に集中している。

東京の問屋集積地といえば、中央区日本橋横山町の衣料品街が有名だが、神田の岩本町にも衣料品問屋街がある。そのほかにも、金物問屋街や医薬品問屋街など特定業種の卸売業の集積した地区が少なくない。

神田エリアと麴町エリアの人口を、2010年の『国勢調査』で比べてみると、2万1千人対2万6千人で麴町の方が多い。面積は、麴町が神田の2倍を超えるが、皇居と丸の内、大手町、霞が関などの、人がほとんど住んでいない場所を除くと大きな差はなく、実質的な人口密度は麴町エリアが神田エリアを上回っている。

「新神田っ子」がその行く末を握る

では、人口はどちらで増えているのだろうか。2005～2010年の人口増加率は、麴町エリア11％に対し神田エリアは15％。2000～2005年も13％対20％で、神田の方が高い。千代田区での都心居住と聞くと、番町や九段の高級マンションを思い浮かべるかもしれないが、実際には神田の方で人口がより大きく伸びている。

この一見すると常識に反するような動き、実はお隣の中央区でも変わりない。八重洲中央通りを境にして北側の日本橋エリア（旧日本橋区の範囲）、南側の京橋エリア（大部分が旧京橋区）、隅田川対岸の佃・月島エリアに3分割したとき、一番人口が増えているのは、2000～2005年も、2005～2010年も日本橋エリアである。

細かなデータは省略するが、「佃・月島エリアの間違いでしょう」と納得できない方のために、２０００～２０１０年の10年間の人口増加率を示しておきたい。佃・月島エリアが51%、京橋エリアが70%、日本橋エリアはなんと１０５%だ。

１９３５（昭和10）年の『国勢調査』を見ると、旧神田区の人口は現在の６・５倍の13万7千人。旧麹町区も今と比べるとはるかに人口が多かったが、その数は６万人で、旧神田区の半分にも満たなかった。神田には人口収容の膨大なキャパシティがあった。

このキャパシティが姿・形を変えながら、今も人口増の受け皿として機能している。日本橋も同様で、カギを握っているのは卸売業の存在である。かつて商家のヒラ店員たちは、店に住み込んでいた。なかでも卸売店は、多くの住み込み店員を抱えていたから、店の構えも大きかった。やがて住み込みという形態は消え、さらに流通の仕組みが変わる中で、卸売業自体の存在が問われるようになる。廃業には至らなくても、都心に店を構える必要性は薄れ、店が立っていた土地が都心に残されていく。

幸いなことに、土地がある程度広いので、マンションに建て替えることができる。神田や日本橋の人口増加を支えているのは、こうした小さな都市更新の積み重ねであり、ウォーターフロント部や港区で見られるような大規模な都市改造ではない。

東京23区は、大阪市や横浜市などの行政区とは異なり、「普通の市並み」の自治体である。だが、「普通の市」ではない。それどころか、23区が普通の市になると困った問題が起きてしまう。

というのも、合併等の特例を除き、人口5万人以上でないと市になれないという決まりがある。2010年の『国勢調査』の千代田区の人口は4万7千人。23区が普通の市になると、東京のど真ん中の千代田区は町になってしまう計算だ。

2013年の『推計人口』で、千代田区の人口はめでたく5万人を超えた。となれば、次の課題はこれを支えた神田への転入者たちが、「新神田っ子」になれるかどうかだ。

神田も日本橋も一部の例外を除き、町名に「神田」あるいは「日本橋」の名が入る。神田の三崎町と猿楽町では、一度消えた「神田」の冠を再びつけ直すことになった。それほどに神田も日本橋も、自分たちのまちを誇りに感じている。

「千代田区での都心ライフにはあこがれるけれど、神田じゃあ……。やっぱり、九段か麴町でなきゃあ」などと言っているなら、都心再生も先は暗い。神田に住むことにプライドを持つ、現代版のいなせな「新神田っ子」が生まれてくることを期待しつつ、その未来を見守っていくことにしよう。

9、中央区――東京の未来を占う「成長モデル」

人口増を意図したブレない施策が結実

１９８１年、中央区は「定住人口10万人」の目標を掲げた。しかし、はっきりいって、周囲の目は冷たかった。当時の中央区の人口は、60年が16万１千人、65年が12万８千人、70年が10万４千人、75年が９万人、80年が８万３千人。20年間で人口が半減していたのだから、人口が増えることなど夢のまた夢と思われた。

周辺を見回しても、環境は厳しかった。60～80年の20年間で、千代田区はマイナス53%、台東区はマイナス42%、港区はマイナス25%、文京区がマイナス22%。都市のドーナツ化によって中心部の人口が減るのはあたり前のことだとされていた。

今でこそ、中心部の再生だ、コンパクトシティの形成だと論じる都市計画の専門家たちは、もっと冷たかった。わが国の都市計画は、アメリカで発達した用途純化論を基本に据えていて、この論理に基づくと、都心とはあくまでも商業・業務の中心たるべき存在。定住人口を増やすことは「論理の外」におかれていたのだ。

佃のタワーマンション。船溜まりとの景観の組み合わせは、中央区のまちづくりを象徴する。

しかし、懲りない中央区は、1988年には「定住人口回復元年」を宣言。一定規模以上の開発に対する住宅付置義務の制度化、中高層住宅の建設や住宅の共同化を促す助成の導入、住宅購入資金の融資斡旋、区立住宅の拡充など、あの手この手の人口増加策を推し進めていく。

当初冷淡だった都市計画を取り込むうえで成果を収めたのは、名づけて「大川端作戦」。そもそも隅田川のリバーフロントにあたる佃、月島、晴海などはかつて工場や倉庫がひしめく地域だった。ここを住宅地として再整備するという作戦は、「都心に工場や倉庫はあってはならない」と考える都市計画者の固い頭にうまく響き、タワーマンションに象徴されるウォーターフロント開発が進められていく。さらにこれが呼び水となって、人口増加を目指すブレない施策が徐々に実を結んでいくようになった。

「定住人口回復宣言」から8年後の1996年、実に40年ぶりに人口が増加に転じ、200

６年には当初の目標とした人口10万人を達成する。負の動きを逆転させるには粘り強い努力を必要とするが、一度歯車が回り始めると次々と波及効果が生み出されていく。

２０００～２００５年の人口増加率は35・７％を数え、23区はもとより全国全市区町村のトップに立つ。２００５～２０１０年の人口増加率も24・８％と、その勢いは衰えていない。

中央区での人口増加層は、30代・40代の若い世代が中心だ。新たなライフスタイルの実現を求めて都心に流入してくる人たちの中心が、彼ら若い世代にあることは、千代田区や港区でも基本的な違いはない。しかし、区の戦略によって人口増を推し進めた中央区は、リーズナブルな価格での住宅供給が重視されたこともあり、若い世代の流入が特に多い。

30～44歳の子育て世代の割合は33・９％を数え、23区平均（26・０％）を大きく上回る。２００５～２０１０年における６歳未満の幼児人口の増加率も、23区平均の５・７％に対し、中央区は56・０％とまさにケタ違いの数値を示している。

残る課題を都市改造事業で解決できるか

これらのデータが示すのは、順風満帆に進む人口増の成功モデルの姿だ。しかし、そこにも課題はある。かねて指摘されていたのは、日常の買い物の不便さ。中央区には大きなスーパーがなく、食品スーパーも少ない。

近隣型の商店街もバブル期に壊滅的な打撃を受け、「買物するなら三越」と揶揄されることもあった。しかし、近年はイオンの「まいばすけっと」をはじめとするミニスーパーが相次いで出店。買物問題は解消されつつある。

もうひとつの問題は緑が少ないこと。先にも紹介したように、中央区は緑被率が23区で一番低い。狭い土地にオフィスビルや店舗やマンションがひしめき合い、まちに組み込まれた緑に欠ける。このため、少ない緑を補う公園は、他区にも増して貴重な存在となる。

高層階での子育ての是非は、門外漢なのでコメントを控えるが、地面の上で駆け回り、はしゃぎ回ることが子どもの心身の成長に欠かせないことは間違いない。そう考えると、高層マンションが多く、子どもが多い中央区での公園の重要性は一層高くなる。

中央区の公園面積比率は6・1％で23区の9位。人口1人あたりの公園面積は4・5㎡／人で7位。こうして見ると決して低いように感じられないが、このデータには大きな落とし穴がある。区内の総公園面積の約4割を浜離宮庭園ひとつが占めているのだ。東京湾の海水を取り込み、潮の干満で変わる姿を楽しむ潮入庭園で、将軍様の別邸をルーツとする浜離宮庭園は、東京屈指の名園のひとつ。

とはいっても、子どもがはしゃぎ回れるかとなると、ちょっと違うだろう。３００円とはいえ入園料が必要だから、そう毎日訪れるわけにもいかない。浜離宮庭園を除くと、中央区の公園面積比率は20位程度にまで落ちてしまう。

そうはいっても、土地利用の密度が高く、地価も高い中央区で公園の整備水準を上げていくには、都市改造事業と一体化しないと難しい。だが、都市改造にはタネ地がいる。

長く活用策が決まらなかった晴海は、２０２０年の東京オリンピックの選手村が設けられ、オリンピック後には約６千戸の住宅が整備されることになった。「また住宅か」という気もしなくはないが、決まったものは仕方がない。

一方、２０１６年11月に豊洲に移転する築地市場の跡地利用はまだ決まっていない。新聞報道などによると、区は野球場やサッカー場などのスポーツ施設やテーマパークを望んでいるという。中央区に残される数少ないタネ地だ。人口増加施策のひとつの区切りの視点も含め、未来に向けて、慎重かつ幅広い議論を期待したいものである。

10、練馬区——東京の「田舎」というポジション

大根からキャベツ、ブルーベリーへ

「京野菜」というジャンルがある。賀茂茄子、万願寺唐辛子、九条ねぎなど、和食通には垂涎の食材だ。

「京野菜」があるのだから「江戸野菜」もある。その代表は、江戸川区小松川生まれのこまつ菜。『東京都農作物生産状況調査（平成24年産）』によると、東京23区の農作物の生産額のうち2位のトマト（8％）を大きく引き離す29％の圧倒的第1位で、23区の野菜生産農地の3分の1以上がこまつ菜畑である。主産地はもちろん江戸川区。23区の収穫量の半分以上を江戸川区が占める。近接する葛飾、足立と合わせ、東京を代表する特産品の産地は健在だ。産品自体はブランド化したが、主産地は他に移ってしまったものもある。谷中生姜がその好例だろう。

消えてしまったもの、消えてはいないにしてもほとんど目にすることができなくなったものは、数え上げればきりがない。練馬大根もそのひとつである。とはいっても、練馬の農業

が姿を消したわけではないが。

練馬区がまとめている『練馬の農業二〇一三』を見ると、2013年1月現在の23区の合計農地面積607haのうち、その約4割にあたる240haを練馬が占める。23区の農地の95%は、練馬区、世田谷区（構成比20%、以下同）、足立区（11%）、江戸川区（9%）、杉並区（7%）、葛飾区（7%）の6区に集中しているが、練馬のシェアは抜きんでて高い。

しかし、そこは東京の農地。年々減少していることは間違いない。練馬区の農地面積は、1975年には746haを数えていたという。ただし、単純に減っているわけでもない。年間平均の農地減少面積を追ってみると、75～85年が平均18ha、85～97年が16・5ha、97～2007年が10ha、07～12年が6ha。20年ほど前から農地の減少にブレーキがかかっている。

練馬大根が作られなくなって以降、練馬の主産物はキャベツに移った。だが「練馬キャベツ」とは耳にしたことがない。

産地を形成し、ブランドを確立することが、わが国農業のほぼ唯一の生き残りの途だといわれる。ブランド化できていないキャベツでは、練馬農業の未来は心もとない。にもかかわらず、練馬区で農地面積の減少にブレーキがかかっているのは、「農」の新たな生き残り策を見つけ出したから。練馬区には約30か所のブルーベリー観光農園がある。およそ15年前から区と地元ＪＡが協力して、農園整備の支援を続けてきた結果だ。

確かに「農の観光化」は、農業が生き残っていくための有効な方策のひとつとなる。とりわけ大都市内に位置する練馬区としては、時代の流れと地の利を生かした未来の農業振興に「農の観光化」が占める役割は大きい。

定年退職後などに農と親しむ生活を求める「田舎暮らし」へのあこがれも、確実なニーズとして存在する。

とはいえ、農業に向き合うことは中途半端な覚悟でできるものではなく、病害虫や雑草との戦いは、「日焼けはいや」というレベルでは対応できるものではない。そんな都会人の農業体験要望を満たしてくれるのが、市民農園あるいは区民農園の存在である。東京都の資料によると、２０１４年３月末時点で、23区内に１万２千区画を超える市民農園がある。このうちの４分の１が練馬区に集中している。

ところが先述のとおり農業は厳しいものなので、市民農園ビギナーの大多数は、惨敗の結果を余儀なくされる。それならばと練馬で始まったのが、農家が農作業の指導や援助をしてくれる「農業体験農園」。23区内にはまだ二千数百区画しかないが、そのうちの８割以上が練馬区に集まっている。

田舎だからこそ生まれた魅力

ブルーベリー観光農園も市民農園も農業体験農園も、練馬区が「東京の田舎」という弱点を逆手に取った結果である。こうして維持されている農地は、生産の場やレクリエーションの場といった社会的な意味だけにとどまらず、環境との共生の場という役割も果たしている。もし農地がなければ、ただでさえ猛暑の練馬の夏は、もっと地獄の様相を呈しているに違いない。

練馬が東京の田舎であることは、昼夜間人口比率が23区最低、面積あたりの事業所密度、従業者密度ともに最低、４階建て以上の建物の割合最低、木造建物の割合最高などのデータにも示されている。なかでもビジネスの集積が薄いことは、練馬区の決定的な弱点とされる。

しかし、そんな練馬にもわが国を代表する、いや世界に通じるビジネスの集積がある。それがアニメ産業だ。練馬は、日本最大のアニメ関連産業の集積地である。

わが国最初のカラー長編アニメ映画『白蛇伝』、国産初の連続長編テレビアニメ『鉄腕アトム』、フルカラーテレビアニメシリーズ第1号の『ジャングル大帝』。そのいずれもが、練馬で産声を上げた。松本零士、ちばてつや、高橋留美子などの多くの漫画家たちが腕を磨いたのも練馬である。

　漫画家やアニメ作家たちが練馬に集まった背景には、都心への交通の便がいいことや落ち着いた環境が創作活動に適していたことをはじめ、様々な理由が重なったからだといわれる。

『銀河鉄道999』の車掌像。アニメ発祥の地、大泉学園の駅舎内にたたずむ。

　しかし、これらに加えて家賃が安かったことも、食えない若手漫画家たちにとっての大きな魅力となった。だとすれば、練馬が田舎だったからこそ、漫画家たちが集まり、彼らが相互に刺激し合い、やがてアニメという一大産業を切り拓いていく礎が生み出されていったことになる。農地とアニメ。この縁もゆかりもなさそうな両極端に、田舎というキーワードを足して三題噺に仕立てると、クール・ジャパンの本質が浮かび上がってくる。

　クール・ジャパンは田舎が育んだ。それは、東京を含むわが国の最も本質的な部分が、田舎の存在によって支えられているからにほかならない。

11、杉並区──一等区のプライドを脅かす存在とは

文化のまち、杉並ができるまで

関東大震災は東京の人口動態に大きな変化をもたらし、都市形成史のエポックとされるできごとだ。Ｗｉｋｉｐｅｄｉａを丸写しすれば、震災をきっかけに「市街地からは人口が流出し、郊外への移住者が相次いだ」となる。関東大震災が東京を襲った１９２３（大正12）年を挟んで、震災前の１９２０年と、復興がほぼ終了したとされる１９３０年の『国勢調査』を比べてみよう。

この10年の間に、杉並区では約12万人（７・４倍）、世田谷区では約11万人（３・７倍）も人口が増えている（両区が誕生するのは１９３２〈昭和７〉年であるため、該当する旧町村の合計値）。

一方、関東大震災で区内の８割以上が焼失されたとされる旧神田区、旧日本橋区、旧京橋区、旧浅草区（台東区の東部）、旧本所区（墨田区の南部）、旧深川区（江東区の北西部）の６区の人口は、１９２０年の１１１万６千人から、１９３０年には１０２万３千人になった。

減ってはいるが、減少数はおよそ9万人でしかない。

8割以上が焼失したというのだから、震災直後、中心6区に住む大部分の人が避難せざるを得なかったのは事実だろう。だが、そのほとんどは、震災後、元の居住地に帰ってきたと思われる。

もちろん、郊外に移住した人がいたことを否定するつもりはない。たとえば富裕層。当時東京の経済を支えていた商人、職人、店員、工員たちが職住近接でないと働いていけなかったのに対し、富裕層はより安全で快適な場所へと住まいを移すことができた。

いわゆる「文化人」も、自由に住居を移転できた代表的な存在だ。関東大震災後に形成される文化人の集積地としては、大田区の「馬込文士村」が有名だが、杉並区の荻窪周辺にも文士のサロンができた。

こうして、杉並区には「荻窪文化」とも「阿佐谷文士村」とも呼ばれる文化の風土が根づいていく。

大正末~昭和の初めに杉並区に新たに流入してきたのは文化人だけではなかったが、このとき生まれた「杉並文化」は、その後も長く杉並区を特徴づけていくことになる。

今、杉並文化を代表するのは音楽だろう。ロック、ジャズにクラシックあるいは杉並児童

阿佐谷ジャズストリート。毎年10月、阿佐谷のまちはジャズで染まる。

合唱団と、ジャンルは幅広い。音楽教室の数が23区中で一番多いことにも、杉並区と音楽の根深い関係が象徴されている。

もうひとつは「山の手文化」の蓄積だ。浜田山から永福にかけての一帯は、俗に「日本でポルシェが一番よく売れるまち」といわれている。主婦の就業率が23区で一番低い杉並区は、「奥様文化」＝「山の手文化」を最も色濃く残す、まさに一等区としてのプライドを備えたまちといえるだろう。

区立図書館の蔵書数が23区で一番多いことからも、「文化のまち杉並」の実力が感じられそうだ。

ただし、貸出数５位は、人口あたりの貸出数９位、個人貸出登録数11位、人口あたりの個人貸出登録率18位。データで見る限り、残念ながら、文化の濃度はそれほど濃くはなさそうである。

パラサイト男子が狭い道路をポルシェで駆け抜ける

杉並文化の底の浅さは、文化を支える都市基盤の面からも指摘できる。

緑被率は23区3位の高さを誇るものの、公園面積比率は20位にとどまる。まちの緑の多くが、個人の庭に抱え込まれているのだ。道路の整備水準も低い。幅員5・5m未満の道路の割合（区内総道路延長に対する幅員5・5m未満の道路延長の割合）は、中野区に次ぐ2位。幅員3・5m未満の未改良細街路の割合は4位にのぼる。

公園が少ない区、細街路が多い区には、豊島区、中野区、目黒区、文京区など人口密度の高い区が多い。これに対して杉並区の人口密度は11位。ゆとりはあるのだが、そのゆとりが個人に帰属してしまい、まちに反映していない。

伝統の「奥様文化」も、中をのぞけば黄色信号が点滅している。

親と同居する25~44歳の未婚者の割合の男女比（男性÷女性）を調べてみると、興味深い結果が表れてくる。親がかりの男性が目立つことを表すことから、名づけて「パラサイトシングル男子特化度」。

結果は図表21のとおり。目黒区、杉並区、文京区、世田谷区の各区が上位に並ぶ。専業主婦の家庭で、母親の愛情をたっぷりと受けて育ってきた男の子がパラサイト化していく過程が目に見えるようだ。

ただしトップの目黒区は、ひとりで暮らす女性が多い「女のまち」。親と同居する未婚女性の割合は低く、その結果、男性の割合が相対的に高くなる傾向がある。

一方で、高円寺に代表される「若者のまち」である杉並区は、ひとり暮らしの男性が多く、親と同居する未婚男性の割合が低くなってしかるべきだろう。事実、杉並区と同様の特徴を持つ豊島区や中野区は、パラサイトシングル男子への特化度が低い。これらを考え合わせると、杉並区におけるパラサイト男子の存在感は一層きわ立ってくる。

杉並区の狭い道路を、さっそうとポルシェが走り抜ける。ハンドルを握るのは、親の車をわが物のように使うパラサイト男子。こんな想像は、杉並区に対して失礼に過ぎるだろうか。

図表21 パラサイトシングル男子特化度（2010年）

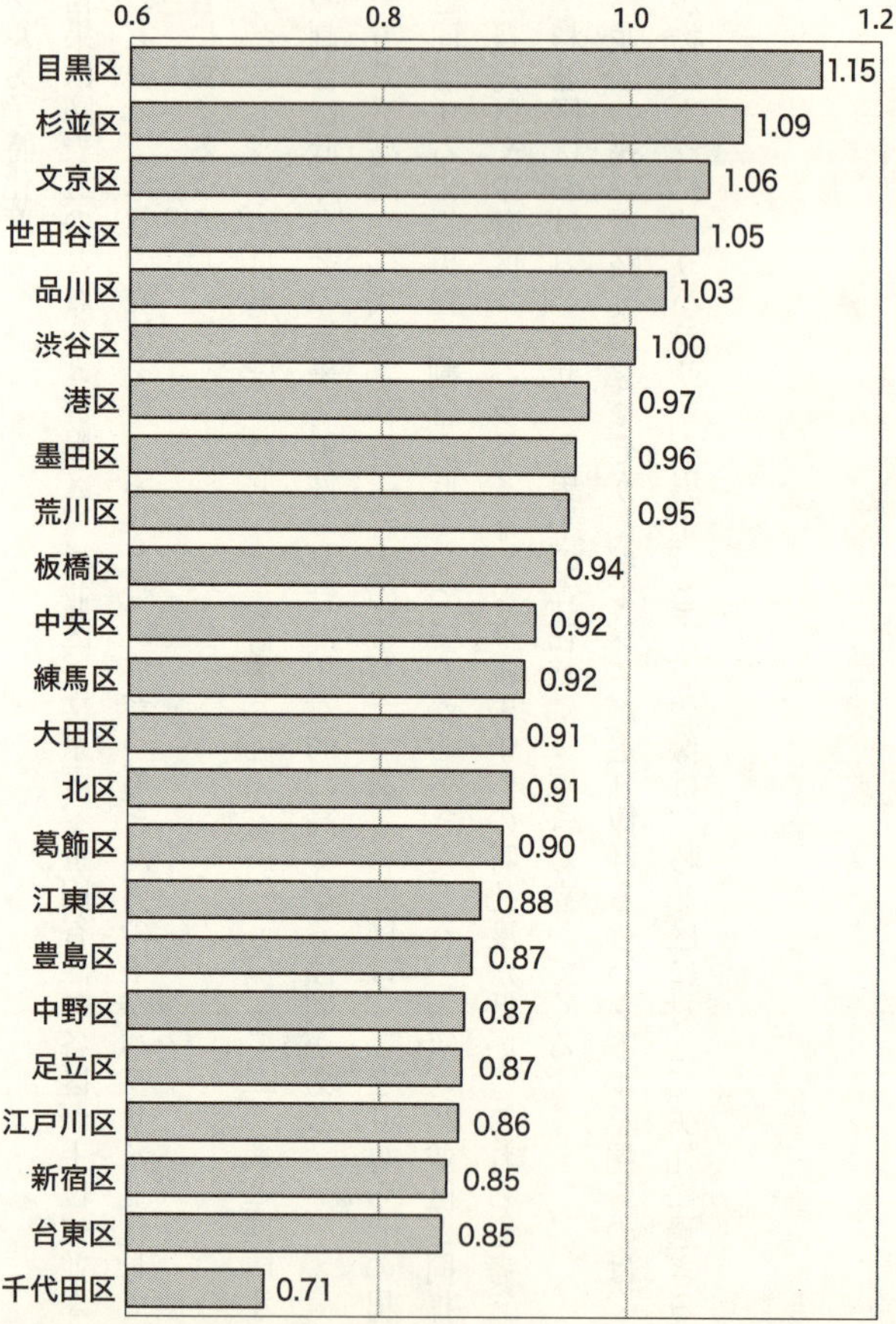

＊25〜44歳の未婚者のうち、親との同居者の割合の男女比（女性÷男性）。
出所：『国勢調査』

12、江戸川区——海抜ゼロメートルに負けない家族力

東京で怖いのは海からの水ではなく、陸からの水

江戸川区は、陸域面積の7割が満潮時の海水位以下の、いわゆる「海抜ゼロメートル地帯」である。第2章でも述べたように、東日本大震災以降、東部3区を敬遠する傾向が一気に表面化した。この影響を最も強く受けたのが江戸川区だった。

東日本大震災→津波の被害→海抜ゼロメートル→江戸川区→危険！

ごく単純な連想ゲームだが、津波の被害はV字形の湾にあって拡大されることを忘れてはならない。一方で袋のような形をしている東京湾では、海水の流入量が限られ、かつ流入した海水が広い湾内に分散する。もちろん油断するべきではないが、あくまで地形で考えれば東京湾は津波の危険度が低い。

むしろ江戸川区にとって、よりリスクが高いのは海から襲ってくる水よりも、陸から襲いかかる水の方。荒川あるいは江戸川が氾濫すると、区内の大部分が2～5mの水底に沈んでしまうからだ。その確率は200年に一度の大雨が降ったらと試算されている。しかし最近

では異常気象を言い表す際に、50年に一度とか70年に一度という表現が珍しくない。そう考えれば、200年に一度とはいっても、いつ襲ってきても不思議ではないだろう。

天災に襲われたら逃げるしかない。たとえば5m以内の浸水なら、計算上、3階建て以上の建物に逃げ込めば生き残る確率は高い。

河川の氾濫は、下流域で川幅が広く、流れも直線的な場所では起こりにくい。氾濫のリスクは、川幅が狭く、かつ流路が曲がりくねっているもっと上流の方が高い。

そうはいっても、多くが海抜ゼロメートル地帯である江戸川区が洪水リスクを抱えていることに間違いはない。しかし被害をはね返し、復興に向けた原動力となり得る強さがこの区には備わっている。結論から先にいうと「家族の力」だ。

江戸川区の「家族力」こそ地方創生のヒント

ひとり暮らしの割合は、葛飾区、江東区に次いで三番目に低い。江戸川区には大学がないため、ひとり暮らしの学生が少ないという面もあるが、高齢者のひとり暮らしも、25～44歳の未婚者の割合も23区最低。だとすれば、家族で暮らすことが基本とされており、その結果としてひとり暮らしが少ないと考えるべきだろう。

図表22　家族主義を示す指標

順位	ひとり暮らし世帯の割合（%）		高齢者ひとり暮らし比率（%）		25〜44歳未婚者比率（男性、%）		25〜44歳未婚者比率（女性、%）	
1位	葛飾区	37.8	江戸川区	20.7	江戸川区	44.2	江戸川区	31.2
2位	江東区	38.8	練馬区	21.6	港区	44.4	葛飾区	34.5
3位	江戸川区	40.3	葛飾区	21.8	江東区	46.4	足立区	34.6
4位	足立区	40.9	江東区	23.4	葛飾区	47.3	江東区	35.2
5位	練馬区	42.5	墨田区	23.9	足立区	48.4	練馬区	38.8
参考	23区計	49.1	23区計	26.0	23区計	51.8	23区計	42.7

順位	夫婦と子どもの世帯の割合（%）		4人以上の家族の割合（%）		三世代世帯比率（%）		合計特殊出生率	
1位	江戸川区	28.3	江戸川区	19.0	江戸川区	3.35	江戸川区	1.45
2位	葛飾区	27.4	葛飾区	17.8	葛飾区	3.15	足立区	1.36
3位	練馬区	26.5	足立区	16.7	荒川区	2.94	葛飾区	1.36
4位	江東区	26.3	練馬区	16.3	墨田区	2.89	江東区	1.33
5位	足立区	25.6	荒川区	15.8	足立区	2.87	荒川区	1.30
参考	23区計	21.5	23区計	13.1	23区計	2.04	23区計	1.16

＊ひとり暮らし世帯の割合、高齢者ひとり暮らし比率、25〜44歳未婚者比率は昇順、ほかは降順。
出所：合計特殊出生率は、「東京都人口動態統計」による2013年値。その他は、『国勢調査』による10年値

これは、夫婦と子どもで構成される世帯の割合や、４人以上の家族の割合が23区で一番高いことからも理解できる。数値自体は30世帯に１世帯と少ないものの、三世代世帯の割合が23区で一番高いのも江戸川区だ（図表22）。

こうした家族の強いつながりは、子どもが多いという結果を生んでいる。15歳未満の子ども人口比率は14・2％で、23区最高値。2〜5位が12・3〜12・1

%の間に固まっていることと比べると、頭ひとつ出ていることがわかる。

年齢別に細かく見ても、6歳未満の未就学児は港区に次ぐ2位。6～11歳の小学生世代、12～14歳の中学生世代、15～17歳の高校生世代は、そのいずれにおいても1位の座に揺るぎがない。幼児人口の割合が一番高い港区は、合計特殊出生率が7位にとどまり、社会移動の結果として子どもが多いという背景がある。これに対して江戸川区は、合計特殊出生率も23区のトップに立つ。

江戸川区に子どもが多い理由としては、いわゆる「現金給付型」の子育て支援策が手厚いためだという説もある。しかし、図表5に示したように、江戸川区の幼児人口増加特化度は決して高くない(23区中18位)。一方、子どもが多い傾向は、同じ東京東部の足立区や葛飾区にも見られる。だとすれば、後述するように、東京東部に共通する「家族力」の強さという構造的な要因が、子どもの多さの背景にあると考えざるを得ない。

実際に図表22をながめると、家族主義を示す指標は、江戸川区だけでなく東部3区、さらに江東区を加えた東京東部に共通して高いことがわかるだろう。ではなぜ、東京東部は家族のきずなが強いのか。その共通項といえば低地であることくらい。低地なら家族のつながりが強まるのだろうか。

葛西臨海公園。お台場の観覧車がカップルのメッカなら、ここは家族連れのメッカ。

　あくまでもひとつの仮説だが、東京の西部は武蔵野台地の上にあり、かつては畑作地帯だった。一方、東部は水田が広がる米作地帯。畑作はひとりでもできるが、米づくりは集団が力を合わせる必要がある。家族のつながりの強さは、まさに低地に根づいた伝統的風土だといえはしないだろうか。

　そうだとしたら、なぜ江戸川区にこの伝統が最も強く残っているかの理由は難しくない。

　かつての江戸川区は、区の北端を総武線が通るだけの陸の孤島だった。東西線が開通するのは１９６９年、都営新宿線の開通は83～86年。はっきりいって江戸川区は23区で最も開発が遅れていた。だからこそ、他の区より以上に、もともとあった伝統が強く残った。

そう考えても無理はないだろう。

23区の合計特殊出生率は、アラサー・アラフォー女性の未婚率ときわめて強い相関を示す（相関係数＝マイナス０・93）。数値は若干下がるが、合計特殊出生率との係数が０・75という、やはり高い相関関係を示す指標がもうひとつある。それは三世代世帯比率だ。

もちろん、そもそも今の東京で三世代がともに暮らす人の割合はごく少数。三世代同居と出産がストレートに結びついているわけではないだろう。同居したくても住宅の問題もあるし、同居がかえっていさかいのもとになることもあり得よう。

しかし、いわゆる「スープが冷めない」範囲内での近居や、血縁を補う地縁の醸成を含め、三世代同居が多いまちには、安心して子どもを産み育てることができるようにサポートする「まちの力」が秘められているといえはしないだろうか。だからこそ、合計特殊出生率が高くなる。

未婚問題の解決は、地方公共団体にとって出生率の改善に必ずしも結びつかない面がある。結婚後、ほかに転居されたらそれまでだ。これに対して近居を含む同居の促進は、まさに地方公共団体の施策とピタリと結びつく。地方創生のひとつのヒントになると思うのだが、いかがなものだろう。

Cクラス

13、葛飾区 ——寅さんのまちは「次の一手」で決まる

戦後経済復興を支えた区の今

『男はつらいよ』の主人公、フーテンの寅さんを支える脇役陣で、一番「カツシカ的」なのは誰だろうか。人それぞれに好みはあるだろうが、筆者の頭に浮かぶのは、太宰久雄さん演じるタコ社長だ。おっちょこちょいでおしゃべり。毎回お定まりの寅さんとの喧嘩を引き起こすが、実は従業員を愛する気持ちは人一倍強く、給料を少しでも上げてやりたいと資金繰りに駆け回る。いかにも「カツシカ的」な弱小零細企業のオヤジ像が表現されている。

明治維新で日本が近代への夜明けを迎えたとき、わが国に富を蓄える外貨獲得の先兵は絹だったが、太平洋戦争直後、代表的な輸出品はおもちゃだった。葛飾区は、おもちゃの一大産地であり、「メイド・イン・カツシカ」が戦後経済復興の一角を担ったといっていい。

2011年の葛飾区内の工場数は2千700弱。00年には約5千の工場があったから、たった十数年でおよそ半減したことになる。23区中の順位も00年には大田区と肩を並べる2位だったものの、現在は4位にランクを落とした。

それでも4位だから、かろうじてかつての名残を残しているといえなくもないが、小さな工場が多いため、従業者数の順位は7位に、出荷額の順位は9位に下がってしまう。出荷額はトップの大田区の4割にも満たず、工業集積地と呼ぶには今や昔の感が禁じ得ない。

むしろ現在の葛飾区を特徴づけるのは、昼夜間人口比率が練馬区、江戸川区に次いで低い郊外住宅地である。目立った産業の集積に欠ける杉並区や中野区より、さらに昼夜間人口比率は低い。葛飾区が住宅地だというと、いささか違和感を覚えるかもしれない。しかし、データを見れば、住宅地のひとつの典型が表れてくる。

住宅と聞いて思い浮かぶのは、一戸建て持家、分譲マンション、賃貸マンション、賃貸アパートの四つだろう。ほかにもいろいろな住宅の形態はあるが、右の4タイプで23区の住宅の85％がカバーされる。

賃貸アパートの割合が一番高いのは、若者のまちを抱える杉並区。2位は中野区。賃貸マンションは同じ若者のまちでも中心部にシフトして1位が新宿区、2位が渋谷区。分譲マンションのトップは港区。２位はウォーターフロントにタワーマンションが林立する江東区。いずれも納得の結果だろう。

では一戸建て持家はどうか。ここで１位に葛飾区の名前があがる。２位の練馬区は納得できる方に入ると思われるが、実は葛飾区（36・２％）と練馬区（31・７％）との間には５ポイント近い差がある。

持家か賃貸か、一戸建てかマンションかは、住宅選びの大きな分かれ道になる。そうはいっても、ニーズに対して土地が不足し、かつ地価も高い東京では、賃貸マンションが28％で一番多く、一戸建て持家の比率は24％にとどまる。一方で全国平均では、一戸建て持家が52％と過半数を占める。稲作農耕民族のＤＮＡで、日本人は土地に対するこだわりが諸外国と比べて強い。東京に流入してくる地方出身者は、いつか一戸建て持家に住みたいと望みつつ、財布との相談の結果、マンションで手を打つか、通勤地獄を覚悟して郊外に一戸建てを求めるかに分かれていく。

その意味で、通勤に便利な23区内にあって一戸建てが実現できる葛飾区はまさに穴場といえるかもしれない。

家族主義になるか、個人主義になるか

ただし、葛飾区で夢の一戸建て持家を実現するにあたっては、我慢しなければならないこともある。まず何といっても、家が狭い。一戸建て住宅のうち１００㎡未満の割合が最も高いのは荒川区の63・7％だが、葛飾区も62・5％にのぼり、中央区、品川区と同率の２位グループを構成する。１５０㎡以上の広めの一戸建ての割合は、23区で一番低い。

都市基盤の整備水準も、周辺の区と比べて見劣りする。

東京西部は元が畑地。極端な話をすると、すぐにでも家が建つ。これに対して水田は、埋め立て・整地という土木工事が必要とされるため、そのときに道路整備も併せて行われることが多い。

事実、道路率は中心区が上位を独占する中で、江戸川区は6位、足立区は8位に顔を出す。しかし、葛飾区は16位と道路整備の水準が低い。幅員３・５ｍ未満の未改良細街路の割合を見ても、東部の各区は軒並み数値が低いが、葛飾区だけは9位と結構高い水準を示している。

東日本大震災の影響を除くと、江戸川区も足立区も現在の人口が一番多い。練馬区、世田谷区、大田区、板橋区も同様だ。これは東京23区の外側にある区は、まだ住宅開発が終わっていないことを示している。

柴又帝釈天の参道。寅さんの足跡を求めて、今も観光客が絶えない。

これに対して葛飾区は、1970年に人口がピークを示し、近年人口が増えているといっても、当時のレベルを超えていない。

つまり葛飾区は、高度経済成長期にほぼ開発が終息した、ひと昔前の新興住宅地なのだ。開発時期が古く、それがわが国が膨張を重ねた高度成長期にあたっていたことが、狭く、かつ基盤の弱い住宅地を生み出す結果を招いたといえよう。

図表22で示した家族のつながりを表す指標のいずれを見ても、葛飾区は江戸川区と並んで高い値を示している。それは、江戸川区とは逆に開発時期が比較的古かったから、葛飾区に移住してきた人たちが、抵抗なく昔からの伝統を受け入れることができた、と考えられる。

問題は、その家族主義の伝統が次の世代にもうまく継承されていくのか、それとも西部山の手地区のように個人主義優先へと変わっていくのかにある。評価は簡単にはできないが、第2章で紹介した地縁をベースにした減災の取り組みなどを見る限り、伝統の継承がうまく進みつつあるのではないかと期待したい。

冒頭に戻ろう。『男はつらいよ』の舞台、柴又帝釈天の参道は、高度成長の時代から大海の中に浮かぶ島のような「カツシカ的」存在だった。

普通なら、やがて消滅してしまうこの世界を葛飾区民共有の誇りにまで高め、「カツシカ的」魅力を継承する意識づけにつながったのだとしたら、寅さんも「奮闘努力のかいあった」とひと安心のことだろう。

14、台東区――東京を象徴するコンパクトシティ

人もお店も、とにかく密度が高い区

最近あまり耳にしなくなったが、90年代末～00年代初めごろ、中心市街地活性化が声高に叫ばれた時代があった。

このとき、海外からコンパクトシティなる概念が導入されてきた。本来、コンパクトシティとは、スマートグロース（賢明な成長）と対をなす都市の成長戦略だ。しかし、わが国のコンパクトシティ論は、都市のハード整備に終始していて、一番肝心なはずの成長戦略の部分がすっぽりと抜け落ちている。

各区がそれぞれの自立性を発揮しながら、人口を増やし、商店街も町工場もその存在感を保っている東京23区は、まさにコンパクトシティのモデルを体現している。なかでもその頂点に立つのが台東区だ。

かつて東京一繁華な場所は銀座や赤坂ではなく、浅草だった。その浅草がある台東区には人も仕事もあふれ返っていた。１９６０年の台東区の人口密度はおよそ3万2千人／㎢。２位の荒川区（2万8千人弱）を大きく上回る超過密状態を示していた。しかし、これで驚くのはまだ早い。１９３５年にさかのぼると、４万６千人を超えている。おそらく世界一の過密都市だったといっていいだろう。

２０１０年の台東区の人口密度は、23区中８位にまで下がっている。昼間人口密度も８位だ。だが、区内で働いている人を指す従業者の密度は6位、事業所の密度は3位にまでアップする。さらに卸売店密度は2位、小売店密度1位、商店街密度1位、工場密度1位。飲食店密度は4位だが、食堂や専門料理店など食事系に限ると3位。

まだある。宿泊施設の密度も、銭湯の密度も、パチンコホールの密度も1位。働く、買物をする、食べる、遊ぶ、くつろぐなどの様々な機能が、台東区には高密度に集積している。（以上のうち、宿泊施設は『東京都福祉・衛生統計年報』による2013年値、パチンコホールは『東京都統計年鑑』による2008年値）。

台東区のコンパクトシティの実力をもっと詳しく知るには、具体例をあげた方がわかりやすいだろう。取り上げるのは、ジュエリー産業と皮革製品業だ。

貴金属・宝石製品製造業の工場数、皮革関連製品製造業の工場数、ともに1位。ジュエリー製品卸売業、靴卸売業、はきもの卸売業、かばん・袋物卸売業の店舗数いずれも1位。小売店数も、靴は渋谷区に次ぐ2位だが、ジュエリー製品、はきもの、かばん・袋物はやはり1位。

台東区には貴金属・宝石の小売店が密集する御徒町のジュエリータウン、皮革製品を扱う店舗が密集する花川戸の靴・はきもの街がある。その背景には、製・流・販が一体化した産業の複合集積が存在している。

就業者に占める家族従業者の割合が23区で一番高い台東区は、東京随一の「家業のまち」

御徒町ジュエリータウン。飾り細工職人の巧みな技が、今もこのまちに生きている。

であり、ジュエリー産業も皮革製品産業も、家族経営を主とした小規模な事業者によって支えられている。言うなれば「生業コンプレックス」。これこそがコンパクトシティ台東区のスマートグロースを支える原動力である。しかも、根っ子が歴史に裏打ちされているからなお強い。

　たとえばジュエリータウン。これは、お寺が多い台東区に、江戸時代から仏具に用いる飾り細工職人が集まっていたことをルーツとする。吉原、浅草、柳橋など色街・花街の存在も、飾り細工職人たちの生活を支えた。上野から浅草にかけて50店近い仏具・神具店が集まる仏壇通りもルーツは同じ。

　ジュエリー産業はともかくとして、皮革産

業は複雑な歴史を引きずっている。しかし、台東区の皮革産業は、若い感性のデザイナーや現代版の職人あるいは新しい革製品店が次々と現れ、「愚かな歴史」を「賢明な今」へと変えている。

パワフルに、そしてしたたかに

このまちでは、人とまちと時間とが相互に深く結び合う。パチンコ店が多い背景には、東上野を中心にしたオールドカマーのコリアンタウンの存在がある。宿泊施設が多いのも、山谷の「ドヤ街」の存在を見逃すことができない。図表20に示したように、台東区は性比が飛び抜けて高く、2位の江戸川区を8ポイント近く上回る。このうちおよそ4・5ポイント分は、圧倒的な男社会である山谷の存在によっている。『東京都福祉・衛生統計年報』に示された生活保護者の割合が23区で一番高いことにも、山谷が影を落とす。

山谷のドヤ街は、終戦直後に家を失った人々のための仮設宿泊施設が設けられたことから始まる。高度経済成長の時代には、旺盛な建設需要に対して労働力を供給する基地の役割を果たした。しかし、時代が移り、雇用の形が変わっていく中で、高齢化した無職の住人だけが残ってしまう。

だが、そんな山谷からも、新しい動きが芽生え始めている。海外からの旅行者、特にバックパッカーなどの若者が、格安料金に惹かれて集まり、日本人の若者にも徐々にその動きが拡大しつつある。

台東区には、人々が必死になって生き抜いてきた蓄積が形になって表れている。これは頭の中で組み立てられた、つけ焼刃のコンパクトシティとは一線を画す、ドロドロとはしているがパワフルなまちの実像だ。

だからこそ、これからもしたたかに成長し続けていける可能性にあふれている。

15、豊島区――「消滅可能性都市」は本当に消えるのか

シミュレーション予測に悩まされる区

人口予測は、高い精度での見通しが可能だといわれる。ただし、それは社会移動を考えなかった場合。社会移動のサジ加減ひとつで、将来の人口は倍にも半分にもなる。

海外からの移民が激増しているのなら別だが、一国の将来人口は社会移動を無視したとこ

ろで大きな誤差は生じない。しかし、都道府県や市区町村ではそうはいかない。

国勢調査は5年に一度しか行われない。この間の人口がわからなければ、地方公共団体の施策は組み立てられない。そこで東京都では、毎月市区町村ごとの「推計人口」を予測し、発表している。全国一の人材と技術を誇る東京都でも社会移動を予測するのは難しく、時に「推計人口」が大きく外れてしまうことがある。

国勢調査結果が公表された時点で「推計人口」も補正される。2010年に関していえば、23区全体の補正率（＝誤差率）は1％で、都の推計の正確さを物語る結果となった。ところが豊島区は、補正率が7％にのぼってしまった。

具体的には、豊島区の人口を7％少なく見込んでいた。このため、『国勢調査』が公表されるまでは、豊島区の人口増加率は2005年と比べ5・5％増の23区中9位と推計されていたものが、実際にふたを開けてみると、中央区に次いで二番目に高い13・6％を数えることになったのだ。

なぜこんな大きな誤差が生じてしまったのか。その最大の要因は、豊島区で急増した外国人の動向にあったと想像される。しかし、データを様々な観点から検証すると、日本人に関しても住民登録をしていない人が増えているのではないかとの疑惑を、ぬぐい去ることができない。

２０１４年５月に日本創生会議が発表した、「全国１７５０の市区町村のうち半分以上が消滅する」という将来人口予測は、まさにショックなものだった。そして東京23区では唯一、豊島区が消滅可能性の高い都市としてリストアップされてしまった。

全国の市区町村を一律にシミュレーション予測するのだから、個々のまちが抱える事情は無視される。おそらく日本創生会議もマクロな意味での警鐘を意図したのであり、どのまちが消えるか消えないのかという、ミクロな話にはさほど重点をおいていなかったと思われる。しかし、マスコミは一斉にこの話題に食らいついた。当初、消滅の根拠はないと否定していた豊島区も、その後「豊島区消滅可能性都市緊急対策本部」を設置。いささかドタバタ感もあるが、豊島区が将来のまちの持続に向けた検討を始めたのであれば、それはそれで評価すべきことだといえるだろう。

しかし、やはりどう考えても、豊島区が消滅するとされる根拠がよくわからない。想像するに、厚生労働省が発表した２００８～12年の『人口動態保険所・市区町村別統計』において、豊島区の合計特殊出生率が０・81ときわめて低い値であったことが関係しているのかもしれない。東京都の予測においても、豊島区の合計特殊出生率は、03年から05年にかけて

0・76という絶望的に低い値を示していた。しかし、13年には0・99まで改善。23区中の18位にまでランクを上げている。

消えるかどうかは、まちの「奥行き」が担う

豊島区は若者のまちで、20代の割合は23区で一番高い。これは男性・女性ともに変わらないのだが、30代になると状況は一変する。30代の割合は男性5位に対して女性11位。こうした男性過多の状況は40代の前半まで続く。30～44歳のいわゆる「結婚適齢期」の性比は118にのぼり、2位の中野区の114を大きく超える23区最高を示す（図表23）。

特殊な例を除き、性比を狂わす最大の要因は独身者の動向によってもたらされるから、豊島区は結婚適齢期世代において、23区最大の男余り社会だということになる。

だから若い女性が少なく、まちが消滅するという理屈もあたらない。

目黒区や文京区など、周りには女余りの区がある。豊島区の男性が、将来の伴侶を豊島区の中だけで求めているとは考えられないし、逆に、結婚願望の強い女性は、豊島区に住むと出会いに恵まれる可能性は高まるかもしれない。

2013年の『住宅・土地統計』で、豊島区の空き家率が23区で一番高かったことも、豊

図表23　30～44歳の「結婚適齢期世代」の性比（2010年）

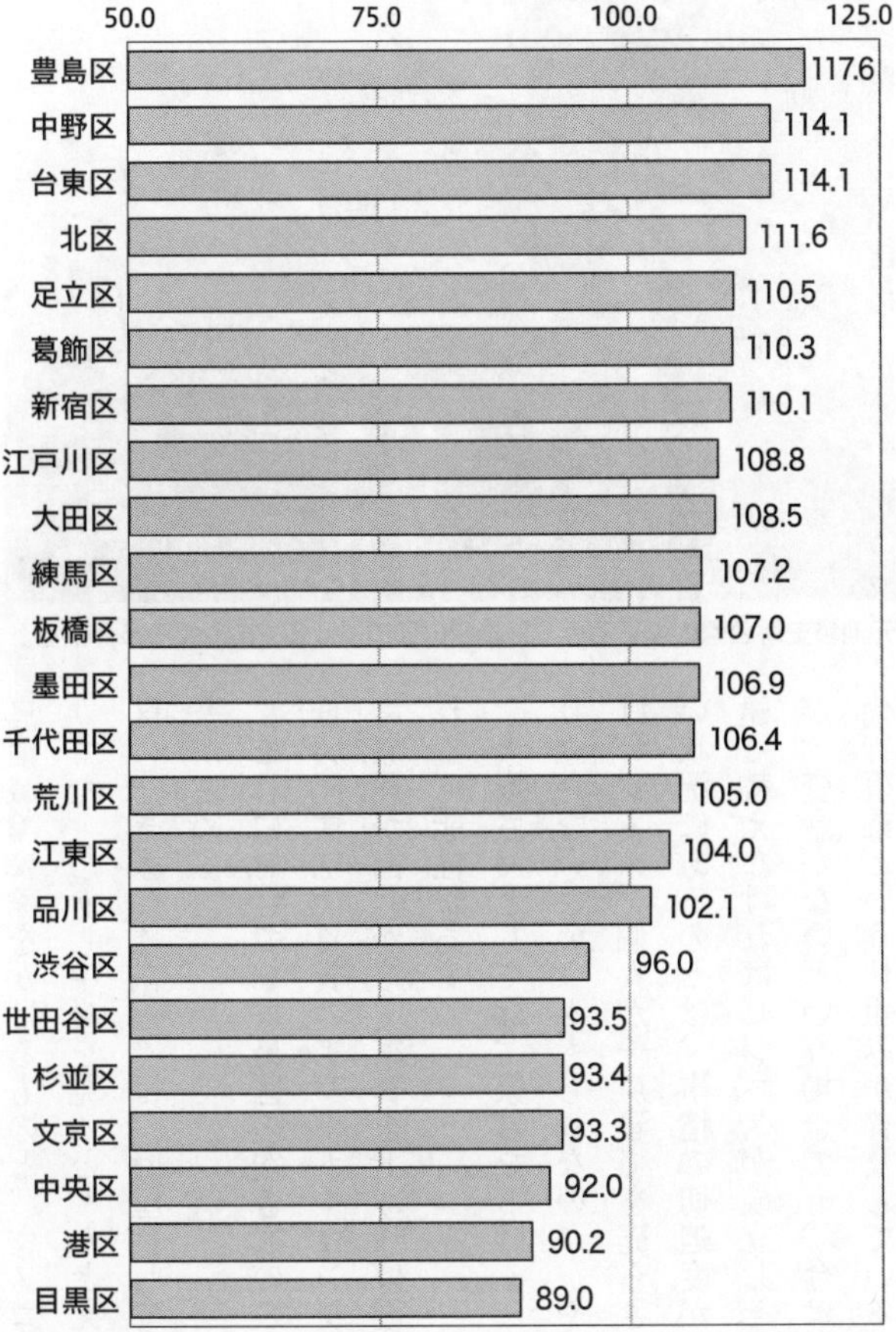

＊女性＝100としたときの男性の割合。
出所：『国勢調査』

元池袋史跡公園のふくろう。池袋駅の周辺には多くのふくろうが潜む。

島消滅論に輪をかけるものと、マスコミは騒ぎ立てた。しかし中身を見ると、たとえば世田谷区の空き家の4割近くは、廃屋化してしまった家が占める。

これに対して、豊島区の空き家の8割は、賃貸共同住宅。賃貸のアパートやマンションは市場原理が働くから、家賃を下げれば借り手の現れる可能性がある。

大家さんとしては、家賃を下げると商売が成り立たないというかもしれないが、やはりそこはビジネス。個人が一戸建てを売らざるを得ない状況にあるのとは、事情の切迫度が異なる。建て替えなければビジネスが成立しそうにないが、資金がないという場合でも、今は建て替え代行事業という仕組みが普及している。豊島区だったら民間事業者が乗る可能性も十分にあるだろう。だとしたら、根本的な部分は市場原理に任せておけばよいことになる。

豊島区の中心である池袋のまちは、妥協の産物として生まれた。そもそも山手線は目白から田端の方に結ばれる計画だったが、地元の反対や地形上の理由から、当時何もなかった池袋に駅を作ることになったのだ。

新宿のように歴史の蓄積があるわけでもなく、渋谷のように地形的な優位性があるわけでもない、にわかづくりの池袋。駅の東西に立つふたつの大きな百貨店が賑わいを吸収してしまい、まちの奥ゆきがやや欠けている。ダサいとまではいわないが、まちそのものが面白味に欠けることは事実だろう。

池袋駅の周辺には、たくさんのふくろうが潜んでいる。地元の「梟の樹を創る会」がコツコツと設置を続けているものだ。そこには百貨店を出て、池袋のまちを散策してほしいとの思いが込められている。

たまにはふくろうに誘われ百貨店を出て、豊島のまちを歩いてみよう。巣鴨のお地蔵様も豊島区にある。豊島区が消えるか消えないかは、それから判断すればいい。

16、大田区——蒲田と大森、競い合う異文化

区名からもわかる分断された区

明治・大正時代に存在した旧東京市。該当したのは山手線の内側と中央区、台東区、これに本所、深川を加えたごく狭い範囲で、そこに15の区がおかれていた。

大正末から昭和の初めにかけて、東京は一気に膨張。1932年に周辺の町村を合併した「大東京市」が生まれ、東京の区は20増え、35区の時代となる。さらに戦後の47年に、35の区は23区に再編される（細かく言えば、当初22区でスタートしたが、ほどなく練馬区が板橋区から独立したために23区になっている）。

35を23にするのだから、2～3の区を統合するケースが多数発生することになる。そしてこれらの区では新しい区名選びに頭を悩ますこととなった。

そんな中で、安直ともユニークともいえる名前をつけたのが大田区だ。大田の名は、旧大森区と旧蒲田区の一字ずつを取ったものである。旧大森区の大部分は、武蔵野台地上の「山の手エリア」に属し、大正末から昭和の初めにかけて開通した私鉄に沿って住宅開発が進む

旧田園調布駅舎。復元された駅舎は、新しいまちの開発にかけた人々の思いを語り継ぐ。

という、西部山の手地区と同様の歩みをたどる。その代表ともいえる地が、田園調布だ。

一方、蒲田には、大正時代の初めごろまでは一面の水田が広がり、名物といえば菖蒲くらいしかなかった。そんな蒲田駅のすぐそばに、1920（大正９）年松竹蒲田撮影所ができる。「虹の都、光の湊」と唄われた「キネマの天地」の出現により、蒲田駅周辺はモダンな商業施設が立ち並ぶ繁華なまちへと姿を変える。

ちょうど同じころから、京浜工業地帯の一角として工場の集積が始まり出す。工場といっても、お隣の川崎では装置型の大工場が中心であったのに対し、旧蒲田区では高い加工技術を持つ中堅～小規模な工場が多く、主製品は機械部品だった。

この伝統が、現在の「ものづくりのメッカ」へとつながっていく。

しかし田園調布と蒲田に象徴される旧大森区と旧蒲田区は、しょせん水と油。神田と麴町における千代田城という強烈な統合のシンボルもない。足して二で割った名前を選ばざるを得なかった背景には、簡単に埋めることができない異文化の存在が影を差していた。

さて今、この混じらないふたつのエリアはどんな発展を遂げたのだろう。次ページの図表24に、大森エリア（旧大森区）と蒲田エリア（旧蒲田区）のデータを徹底比較した結果を示そう。図表にはこのふたつのエリアのほかに、湾岸エリアを併記している。

湾岸エリアは、その大部分が戦後に造成されたものだ。

面積は、大森エリア39％、蒲田エリア27％、湾岸エリア34％で、大森エリアの方が蒲田エリアより1・5倍近く大きい。人口も大森エリアの方が多いが、人口密度はそれほど大きな差はない。

大田区の人口密度は23区の20位にとどまるが、これは湾岸エリアにはほとんど人が住んでいないため。大森エリア、蒲田エリアを抜き出せば、7位の新宿区から8位の台東区に匹敵する高密度な人口集積がある。

図表24 大田区におけるエリア別の特徴

指　　標	大森エリア	蒲田エリア	湾岸エリア	大田区計
面積（㎢、2010）	23.3	16.2	20.3	59.5
人口（人、2010）	413,436	279,487	450	693,373
人口密度（人/㎢、2010）	17,767	17,242	22	11,661
人口増加率（%、2010/2005）	4.1	4.3	▲43.8	4.2
幼児人口比率（%、2010）	4.5	4.3	3.0	4.4
子ども人口比率（%、2010）	11.1	10.8	6.0	11.0
高齢化率（%、2010）	20.1	20.9	2.8	20.4
ひとり暮らし比率（%、2010）	47.4	48.7	91.7	48.0
女性就業率（%、2010）	51.8	52.3	62.2	52.0
家族従業者比率（%、2010）	2.3	2.2	0.0	2.3
大卒者比率（%、2010）	38.5	27.4	17.1	34.0
管理＋専門比専門職比率（%、2010）	21.7	16.6	0.8	19.6
自区内就業者比率（%、2010）	40.5	51.1	81.6	44.8
事業所密度（所/㎢、2012）	683	767	106	512
従業者密度（人/㎢、2012）	5,602	8,011	3,645	5,618
工場密度（所/㎢、2012）	26.8	50.9	8.8	27.4
人口1人あたり小売販売額（万円/人、2007）	72.8	92.1	6,860.4	88.7
小売店密度（店/㎢、2007）	117.3	135.7	5.7	84.8

＊工場密度は、従業者4人以上の工場。
出所：事業所、従業者は『経済センサス』、工場は『工業統計』、小売業は『商業統計』、上記以外は『国勢調査』。

人口増加率、子ども人口比率、高齢化率、ひとり暮らし比率、女性の就業率は、大森と蒲田の両エリアが、ほぼ横並びの数値を示す。間もなく合併して70周年、プラチナ婚を迎えるほど長く一緒に過ごしたこともあって、お互いに似てきたのかもしれない。

家族従業者の割合は、一般に下町ほど高くなる傾向があるが、これも両者に差が見られない。理由は蒲田エリアの値が低いため。蒲田の工場は家族経営ではなく、小なりに会社組織化されていることが読み取れる。

大田区の未来を左右するのは大森エリア

しかし大卒者の割合と管理・専門職の割合は、両エリアに大きな差が生じてくる。

結論として、ともに大森エリアの方が高い。さらに大森エリアの中でも北東部の調布地区は、前者が45・6％、後者が25・3％と一層高くなる。

学歴・年収・職業とも非凡な「三高」の調布地区、「三平」の蒲田エリア、両者の中間に位置するいわば「三中」の大森・馬込地区。データで見る限り、大田区に内在する三重の階層分化は、70年経っても埋まっていないようだ。

自区内就業者の割合にも大きな差がある。特に注目されるのは蒲田エリアだ。区内で働く人の割合が5割を超え、23区2位の港区を上回る。蒲田は、東京有数の職住近接のまちである。

事業所や工場、商業といった産業の集積はいずれも蒲田エリアに軍配が上がる。なお、人口1人あたりの小売業販売額が湾岸エリアで飛び抜けて高いのは、人は住んでいないが商業施設の集まっている場所がここにあるから。その答えは、羽田空港である。

ものづくりの蓄積が世界的に見てもきわめて高い水準を誇る蒲田は、イノベーションにあふれるまちである。拡大発展を続け、今や国内のみならず世界へつながっている羽田空港もあり、蒲田エリアの未来は希望に満ちている。

これに対して大森エリアは、住宅地という以外、これといった特徴に欠ける。世田谷のように山の手型の商店街が賑わっているわけでもないし、杉並区のように文化の伝統があるわけでもない。あるいは目黒区のように、女性を惹きつける強いブランド性もない。となれば、大田区にとって、次の一手は大森エリアの未来をいかに力強く描けるかにかかっているといっていいだろう。

大森エリアにある馬込在住のデザイナーで、高級アパートのオーナーでもある友人は、「自転車のまち」として大田区を売り出そうと、コツコツ努力を続けている。大田区は、世田谷区や杉並区と比べて鉄道駅の密度が濃いし、道路も比較的よく整備されている。適当に坂もあるから、自転車を無理なく、そして便利に使うことができるのだ。

大森エリアの未来は、案外、こんな小さな取り組みが生み出すのかもしれない。

17、板橋区——ヘソはないけどホネは太い

時代を先取る骨太方針

夜間人口であれ、昼間人口であれ、20万〜30万人の人が集まる都市になると、どんなまちでも、その核となるヘソができる。杉並区や世田谷区のようにヘソが複数ある場合もあるが、やはりヘソはヘソだ。50万人もの人が住む板橋区。ところがここにはヘソがない。

乗降客数が一番多いのは成増。区の南西の端という位置が少し気になるが、足立区の北千住や荒川区の日暮里のように、ヘソは必ずしも真ん中にある必要はない。とはいっても、では成増が板橋区のヘソかとなると、それほどの歴史や文化が蓄積されているわけでもないと、いささかためらってしまう。

その名もズバリのＪＲ板橋駅は、板橋、北、豊島の３区の区境にあり、駅前の賑わいは北

板橋。板橋宿の真ん中にかかる橋のたもとには、かつて繁華な賑わいがあふれていたことだろう。

区側に偏っている。自称「板橋のヘソ」を名乗る大山も、元気な駅前商店街があるものの、乗降客は区内で6位と力不足の感がぬぐえない。区役所があり、歴史的に見ても旧中山道の板橋仲宿に隣接する地下鉄板橋区役所前は、乗降客数が区内19駅中10位にとどまる。

このようにヘソがない板橋区だが、ホネは太い。戦前、火薬を製造する旧陸軍の東京第二造兵廠があった板橋は、軍需産業の一大集積地だった。15万坪に及ぶその用地は、終戦によって一転、遊休地化。その跡地利用にあたり、板橋区が目指したのが大学と病院の誘致だった。

今の感覚から見れば、ごく教科書的でまっとうな方針と感じるかもしれない。しかし、当時の感覚からすれば、ややズレていた。かつての大学は今よりはるかに「三高の地」志向が強く、失礼ながら板橋区と大学はミスマッチと考えるのが妥当だったからだ。

病院の方も、これほど高齢化が進み、その需要が高くなるとも、医療技術が日本の成長産業の核になるとも、ほとんどの人は予想できていなかった。それだけに、当時病院を誘致することの価値は今ほどは高くなかった。

お隣の北区にも、十条に東京第一造兵廠、赤羽台に陸軍被服廠、桐ヶ丘には陸軍の火薬庫と、板橋区を上回る一大軍都が形成されていた。これらのうち、東京第一造兵廠跡は自衛隊の十条駐屯地と公園として利用されたが、赤羽台の陸軍被服廠跡と桐ヶ丘の火薬庫跡は、マンモス団地に生まれ変わる。

当時の感覚からすれば、北区の方がずっと進んでいるように見えたはずだ。しかしこの方針の違いこそが、板橋区をCクラスに、北区をDクラスに分ける一因となる。

板橋区を支える太いホネの数々

板橋区の「常識はずれ」の骨太方針は、やがて東京家政大学、帝京大学、帝京大学附属病院など、着実に成果をあげていく。日大医学部と日大病院は戦前からあったが、61年に大東文化大学が豊島区の池袋から板橋区の高島平に移転してきたのも、こうした流れの中にあった。

板橋区に病院が圧倒的に多いのは第2章で述べたとおり。だが、大学も多い。図表14にあげた大学生数トップ5に続く第6位は渋谷区、8位は港区。トップ5を含めて都心、ないしはブランド力のある「三高の地」が並ぶ中にあって、7位に板橋区が食い込んでいる。

板橋区のホネの太さは、行政だけでなく民間にも見ることができる。

軍需産業の集積地であった板橋には、武器や軍事関連製品を製造する工場が多数集積していた。今も昔も、武器は精密機械技術のかたまりのようなものである。人間の目で狙いを定めていたかつての武器は、光学技術とも密接な関係があった。こうした軍需に結びついた精密機械技術・光学技術は、戦争が終わった後、一斉に平和利用への途を歩むようになる。

測量機器・医療機器の大手トプコンは、今も板橋に本社と工場をおく。工場は地方に移転しても、本社を板橋区内においている企業は、ガス警報器の理研計器、センサーのチノー、スイッチの日本電産コパル、ヘルスメーターのタニタ、天体望遠鏡の高橋製作所など数多い。

現在はリコーの傘下に入ったが、ペンタックスの旧旭光学工業も板橋生まれである。

変わりダネとしては、軍楽隊の需要から生まれ、今や世界的なサキソフォンメーカーへと成長した柳澤管楽器。同社も板橋に本社がある。

板橋を創業ないしは事業拡大の拠点の地とする企業は、ほかにも日本金属、高砂鐵工、ガムテープのリンテック、ポテトチップスの湖池屋など、重から軽まで様々な分野にわたる。S&B食品がカレー粉の量産を始めたのも板橋だった。

板橋区における起業の精神は、区の後押しもあって今も活発である。板橋区は2001年からコミュニティビジネスの活性化に乗り出し、事業資金の融資など、起業の支援に取り組んできた。今は中止されたが、かつては「コミュニティビジネスコンテスト」も行われていた。

第2章で紹介した首都直下地震の被害想定で、建物の全壊率、焼失率、面積あたりの死者発生密度を足した総合安全率は、板橋区が最も高い。

その最大の理由は、強固な武蔵野台地の地盤にのっていることだが、減災の努力にも目を見張るものがある。袋小路が多い板橋区では、民家の庭先や軒下を緊急時に開放する「庭先避難路」が区内各所に張り巡らされている。緊急時とはいえ、他人が敷地の内に入ってくるのだから、助け合いの精神がなければできることではない。

板橋区はボランティアが盛んで、民生委員・児童委員の細かな日常活動の度合いを示す、委員1人あたりの調査・実態把握件数が2013年には渋谷区に次ぐ2位、2012年まではは他区を圧倒するダントツの1位を誇っていた。

タフな起業精神とボランティア精神。これこそ、板橋区を内側から支えるホネの最たるものといえるだろう。

Dクラス

18、墨田区——縁側にキラリと光る存在感

面への広がりが欠ける下町の「魅力」

東京スカイツリーの入場客に陰りが見え始めているらしい。初年度の2012年度が10か月強で554万人。翌13年度はおよそ620万人。ところが14年度は530万人にとどまり、15年度は500万人を相当下回りそうだとの報道もある。

ソラマチを併設するスカイツリーは、客を囲い込む内向き型の施設であり、早晩陳腐化し

駒形橋と東京スカイツリー。どっしりとした名橋とスカイツリーのコントラストは墨田区の醍醐味。

てしまうという構造的な課題を抱えている。そうさせないためには、まちとの連携を強めていくしかない。今でも、浅草との回遊がスカイツリーの人気を底支えしているようではあるが、開業当初に鳴り物入りでうたわれた「スカイツリー効果」を考えれば、やはり地元の墨田のまちとの連携が望まれる。

墨田区は、お隣の荒川区とともに、高度成長期を背景とした「昭和の下町」の代表的な存在だ。

では下町とは何か。江戸の昔から、下町の大きな特徴は「職人まち」にある。難しい言葉を使えば家業のまちであり、データで見れば家族従業者が多いまちということになる。

東京23区で家族従業者の割合が一番高いの

は台東区。以下、千代田区、荒川区、墨田区、葛飾区と続く。千代田区に家族従業者が多いのは、老舗の商店や飲食店の存在が考えられる。製造業に限って家族従業者の割合を見ると、千代田区が９位に落ちる一方、荒川区以下はひとつずつ順位を上げて、墨田区がトップ３入りを果たす。工場の密度も、やはり台東、墨田、荒川がトップ３。

そんな墨田区の製造業を最も強く特徴づけているのは、工場と店舗が一体化して手づくり商品を提供する工房の存在だろう。

墨田区は１９８５年に「すみだ3M運動」をスタートさせ、手づくりのまちの地域資源化に取り組んでいる。

３Mとは、小さな博物館（Museums）、工房ショップ（Manufacturing Shop）、マイスター（Meister）の三つを指し、30年目を迎えた現在、小さな博物館27か所、工房ショップ28店、マイスター36名が登録されている。手づくり体験ができるところも多い。

これらは相互に関係しているところも多い。マイスターと呼ばれる匠がいて、匠の作品を販売すれば工房ショップとなる。先達を含む匠たちの逸品を並べると博物館になる。

台東区では、製・流・販の担い手たちが連動して専門品のまちを形成している。これに対して墨田区では、すべてがひとつの個に帰属してしまう。このため、まちという面への広がりが生まれず、魅力にあふれる3Mの各要素が点にとどまってしまうという欠点がある。点と点が結ばれ、回遊が生み出されていけば、「スカイツリー効果」が地元に落ちてくるはずだ。

見どころ×女性×縁側がまちを支える

幸いなことに、墨田区は見どころが満載だ。スカイツリーを東の横綱とすれば、西の横綱は両国の江戸東京博物館。張出横綱は、「げに一刻も千金の」とたたえられた桜の名所墨田公園あたりか。

大関以下も、魅力的な顔ぶれがひしめき合う。公園なら、萩のトンネルが美しい向島百花園、東京三大潮入庭園のひとつとされる旧安田庭園。時代劇ファンには、赤穂浪士が討ち入った吉良邸跡にある本所松坂町公園がたまらない。向島は、100人を超える現役の芸者さんが控える日本最大の花街。道を歩けばおさらいの三味線の音色が聞こえてきそうだ。

ディープな歴史散策がお好みなら、永井荷風が愛した玉の井、吉行淳之介が愛した鳩の街もいいだろう。橋の博物館と呼ばれる隅田川にかかる名橋を眺めながらの隅田川テラスの散策も楽しい。小腹がすいたら、言問団子に長命寺の桜餅。もっとおなかがすいているなら、相撲のまち両国でちゃんこ鍋。

これら全部が墨田区だ。あとは売り方の問題が残るだけである。

家業のまちである墨田区は、女性が働く「おかみさんのまち」でもある。主婦の就業率は、台東区、中央区に次ぐ３位。35～44歳の主婦に限ると２位に順位を上げる。

働く若いお母さんを支えるのは、下町ならではの伝統が生きるご近所の助け合いだが、保育施設も充実している。保育サービス利用者数を未就学児数で割った保育サービス充足率は、荒川区に次いで高い。

メディアは待機児童数を騒ぎ立てるが、何をもって待機児童と見なすかには議論の余地がある。たとえば働きたいけれども、子どもを預けるところがないからそもそも働くのをあきらめている場合の「潜在待機児童」は、どんなデータにも表れてこない。これに対して保育サービス充足率は、行政による子育て支援の実力をストレートに示している。

その一方で下町に共通する課題はまちに緑が少ないこと。23区の緑被率は、中央、墨田、荒川、台東の順で低い。

だが、墨田区をはじめとする下町には、数字に表れない緑がある。家が建て込んでいるため、路地を入るといきなり家で、杉並や世田谷のような庭がない。そのかわり、植木鉢やプランターやトロ箱に植えられた緑が軒下にあふれている。いかに手入れが行き届いた庭でも、ブロック塀に囲まれていたのでは外から見えない。これに対して下町の路地にはみ出す緑は、自分だけでなく、皆で一緒に楽しもうとする心がある。

縁側とは、内でも外でもない空間という意味があるそうだ。だとしたら、これぞまさしく「縁側文化」。そんな文化に包まれて育つから、助け合いのまちがごく自然に継承されているのだろう。

19、文京区——谷から丘へ噴き出すエネルギー

区を象徴する丘と谷と学問の府

建築史家である陣内秀信氏によれば、東京にはローマと同様、七つの丘があるという。これにならえば、文京区には二つの丘と三つの谷がある。

東の端は根津・千駄木の谷。これに続くのが本郷の丘。区のほぼ中央部に指ヶ谷・千川の谷。後楽園はこの谷の入り口部分にあたるから、地下鉄丸ノ内線が地上に顔を出す。西側に

東大赤門。丘の上に広がる「学問の府」を、小ぶりな門が象徴する。

は小石川・目白の丘が広がり、南側の神田川沿いは平川の谷となる。丘と谷を結ぶ坂の数は１１３とも、１２０を超えるともいわれる。

丘の上の象徴は大学だ。そもそも文京区の名前自体が「ふみのみやこ」、つまり「学問の府」という意味からつけられている。区内に本部をおく大学は12校にのぼり、千代田区の14校に次いで多い。うち国立大学は、東京大学、東京医科歯科大学、お茶の水女子大学の３校。23区内に本部をおく７校の半数近くが文京区に集まっている。筑波大学の前身である東京教育大学も、かつては文京区に本部をおいていた。

区内居住者に占める大学生の割合は６・２％。区民の16人に１人が大学生という計算になる。この割合はもちろん23区最高で、23区平均

（3・1％）の2倍を示す。学生だけでなく研究者も多く、就業者千人に対する研究者の割合は8・7人（23区平均2・5人）。これまた圧倒的な第1位である。

昨今、大学発ベンチャーが盛んだが、「本郷ブランド」の名もある医療機器製造業の集積は、大学との関係の中から生まれた産業の代表例といえるだろう。医療用機械器具・医療用品製造業の出荷額は、23区全体の3割近くを文京区が占めている。

丘の上を象徴するもうひとつの存在はお屋敷だ。白山、西方、本駒込、目白台などには、閑静という言葉を通り越した風格あるお屋敷街が広がっている。

文京区は治安の面でも優れている。2013年の刑法犯認知件数は、人口密度が23区で4位と高いこともあって、面積あたりの発生数で見ると14位にとどまるものの、人口あたりでは目黒区に次いで低い。

不幸にして犯罪に巻き込まれてしまったとき、犯人が逮捕されて然るべき処罰を受けることは最低限の慰めとなる。そして文京区はこの検挙率が23区で一番高い。

意外と多い町工場とマンションの関係

丘の上の大学とお屋敷に対し、谷の下には庶民のまちがひしめく。

風情あるまち並みと庶民のグルメを訪ね回れるまち歩きのメッカ「谷根千」とは、谷中、根津、千駄木を指す。このうちの谷中は台東区だが、根津と千駄木は文京区。

谷の下は工場の集積地でもある。文京区と工場と聞くと、にわかには結びつきにくいかもしれない。

台東区、墨田区、荒川区のような家業形態は別にして、工場を維持していくには最低でも4人くらいの人がいないと難しい。２０１２年の『工業統計』による従業者４人以上の工場密度の23区ランキングは、１位墨田区、２位荒川区、４位台東区、５位大田区。いずれも東京有数の工業集積地が並ぶが、ひとつ飛ばした3位に文京区が入る。

東京23区最大の地場産業は印刷業で、出荷額のシェアは全国の２割に及ぶ（以下、２０１1年『工業統計』による全数値）。インターネット全盛の今日、印刷業はその技術を生かした多角経営に余念がないが、文京区の千川谷にある共同印刷は、今も紙への印刷にこだわり続けている。

製本の工程は、町工場の出番だ。共同印刷のお膝元である文京区は、製本工場の数が23区で一番多い。全国の製本工場の20軒に１軒以上が、一見工場とは縁が薄そうな文京区に集まっている。

文京区の人口増加率は、２０００〜２００５年が23区中5位、２００５〜２０１０年が7位、２０１０〜２０１４年が7位。都心3区と江東区以外は、時代によって上位のランキングに変動がある中で、文京区は常に高い人口増加率をキープし続けており、２０００年から２０１４年までを通して見ると、右の4区に次ぐ5位の位置にある。しかし人口密度は、千代田区23位、港区22位、江東区21位、中央区19位に対し、文京区は4位。人口増加を吸収する余裕はどこにあるのだろうか。

もちろん人口増は「マンション化」という土地の高度利用によって生み出されているのではあるが、丘の上の大学には手がつけられないし、お屋敷街も都市計画によってマンション建設には制限が設けられている。答えを谷の下に探しても、港区のような大規模な都市改造が進んでいるわけでもなく、中央区や千代田区のように卸売り店舗があるわけでもない。

残るは工場、その跡地だ。茗荷谷の駅を降りて千川通りに向かって坂を下っていくと、洒落た造りのマンションの前を、フォークリフトの行き交う姿が目に飛び込んでくる。頭がクラクラしそうになるこの光景が、文京区の人口増加を支える谷から噴き出すエネルギーを雄弁に物語っている。

20、足立区――「犯罪多発区」の汚名返上なるか

犯罪件数激減の秘密、「割れ窓理論」

「割れ窓理論」なるものをご存じだろうか。割れた窓ガラスを放置していると、地域全体が荒廃し犯罪も増える。これとは逆に、軽微な犯罪を徹底的に取り締まれば、凶悪犯罪の発生も抑制されるという考えだ。

ニューヨークは、この考えに基づいて治安の回復で成功を収めた。犯罪多発区の汚名を着せられた足立区では、美しいまちを印象づけることで犯罪の発生を未然に防止する「ビューティフルウインドウズ運動」に取り組み続けている。

足立区が果たして犯罪多発区なのか否かには諸説がある。

第２章でも紹介したように、２０１１年時点で足立区は刑法犯の認知件数（以下、「犯罪発生数」という）が23区で一番多かった。しかし足立は、面積３位、人口４位という大きな区であり、面積あたりで計算すると犯罪発生数は13位に、人口あたりでも９位にランクが下がる。だが、面積や人口で標準化すれば犯罪多発ともいえないからそれでよし、としてはい

図表25　足立区における犯罪発生件数の推移（2004年＝100）

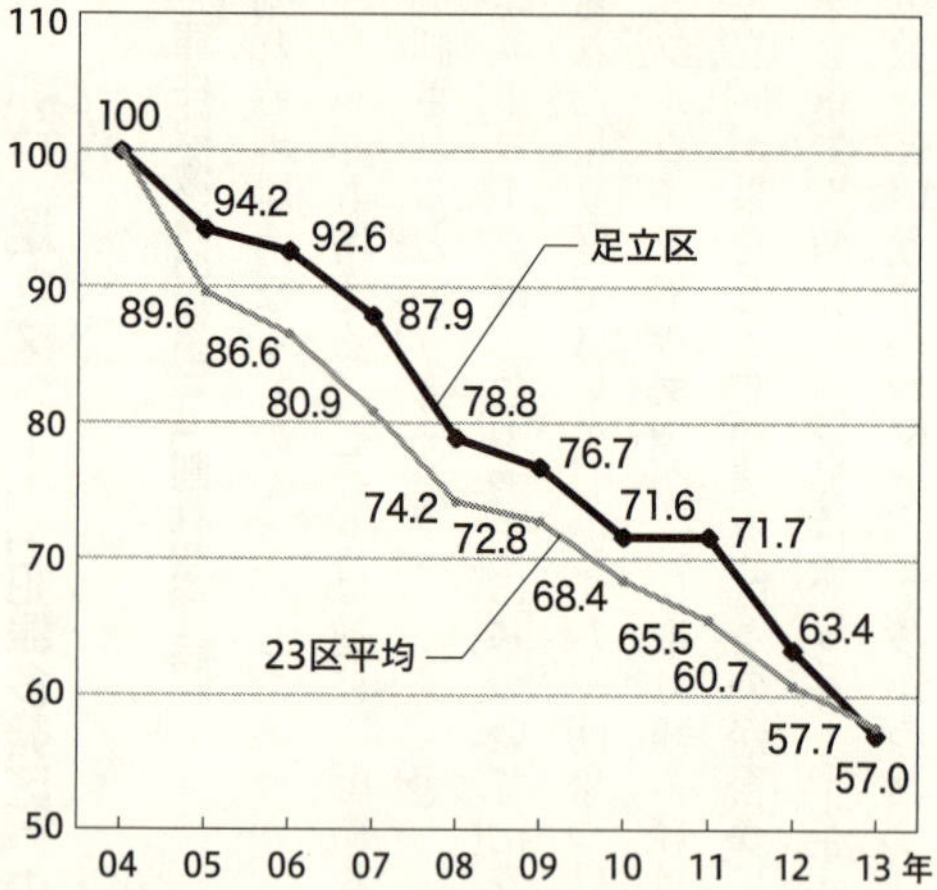

＊ 刑法犯認知件数。
出所：『警視庁の統計』（警視庁）

ささか無責任。事実、昼間人口あたりで見ると23区最悪の汚名が再び浮かび上がってくる。

やはり犯罪の絶対数を下げるしかない。もちろん足立区もそう考えた。

図表25は、２００４年を１００としたときの、過去10年間の足立区における犯罪発生数の推移を示したものである。参考として、23区全体の推移を併記した。

この間、足立区の犯罪発生数は、２００４年の３位から、２００５年の２位を経て、06年以降、23区最悪となる。

２０１０年には紙一重の差で新宿区を下回り２位になるものの、11年には再び最悪に逆戻り。

しかし、その後は急速に減少していき、２０１２年には2位、13年には4位にまで順位を改善させている。図表25には示していないが、区のホームページによると、14年にはさらに犯罪が減り、ランキングも6位になったとのことだ。

２０１３年の警視庁管内の犯罪発生状況を見ると、総犯罪発生数約16万3千件に対し、殺人、強盗、放火、強姦といった凶悪犯の発生数はわずかに０・５％、振り込め詐欺が話題を呼んでいる詐欺犯の発生数も５％に満たない。

いったい何の犯罪が頻発しているかといえば、一番多いのは自転車盗で31％、これに放置されていた自転車を勝手に使った自転車占脱（「占脱」とは、「占有離脱物横領」の略で、要するにネコババのことを示す）を含めると35％を占めることになる。

ここで「割れ窓理論」の登場となる。自転車に複数の鍵をつける「ワンチャリツーロック作戦」。区の職員が駐輪場の無施錠自転車に鍵をかけ、帰ってきた持ち主に施錠を促す「愛錠ロック作戦」。イベント会場などで防犯性の高い鍵への無料交換を行う「がっちりロック作戦」。高校生が自転車への施錠を呼びかける「盗難なくし隊」

知恵を尽くした取り組みが、犯罪減少の成果へと見事に結びついていったのだ。

見栄っ張りな東京でも本音で暮らせる区

犯罪と並んでヤンママも、足立区のイメージとして定着している。

確かに夫婦全体に占める10代の妻の割合も、夫婦とも10代の割合も、23区で足立区が一番多い。もっとも1万のカップルのうち占める割合は、前者が6・4、後者が1・6と、数は微々たるものだ。

ならば視点を変えて、24歳以下の女性に占める有配偶者の割合を見ると、6・0％で首位の江戸川区と同率の2位を示す。やはり足立区には、ヤンママが多いといえそうだ。

結婚が早いと離婚も多くなるのだろうか。『人口動態統計』による離婚率（年次によって変動があるため、２０１１〜13年の平均値）は6位で、それほど高いというわけではない。ただし、総人口に占める配偶者との離別者（離婚後再婚していない人）の割合は、台東区に次いで2位、女性に限ると一番多い。母子世帯、父子世帯（配偶者のいないひとり親と20歳未満の未婚の子どもからなる世帯）の割合も最多である。

足立区に離別者や母子世帯、父子世帯が多いのは、ひとり親世帯の入居が優遇される公営住宅の割合が、23区で一番多いことと関係していると考えることもできる。

しかし、母子世帯、父子世帯の割合がともに2位の中央区は、公営住宅の割合が13位だし、

キングオブ銭湯「大国湯」。銭湯が多い千住のまち歩きは、煙突が恰好の目印。

公営住宅の割合が三番目に多い北区は、母子・父子世帯の割合が12～13位にとどまる。これらを見る限り、公営住宅と母子・父子世帯あるいは離別者との間には、必ずしも明快な相関関係があるとはいえない。

足立区で犯罪や離別者が多いのは、「三平」のまちだからだろうと考える方もいるかもしれない。では同じ「三平」グループ、葛飾区、江戸川区、荒川区、北区などでもやはり犯罪数や離別者は多いのかというと、これまた必ずしもそうではない。

東京23区で離婚率が最も高い区は港区だ。2006年以降、ずっとトップの座を独走し続けている。

だが、港区に住む離別者の割合は12位と決して高くない。港区では離婚後すぐに再婚する人が多いと考えるのにはやや無理がある。離婚したら区外に転出する人が多いと考える方が素直だろう。だとしたら、逆に足立区は、離婚しても区内に住み続ける人が多いことになる。

思うに足立区は「本音」で生きることを許すまちではないだろうか。東京すべてがそうとはいわないが、首都としてのプライドからか、「見栄っ張りのまち」が多いのは事実だと思う。

そんな東京の中にあって、本音で生きても肩がこらないまちだから、離婚後も住み慣れたまちに暮らし続けることができるのだろう。

もちろん本音で生きているから犯罪が増えるといっているのではない。犯罪は社会の規範の問題で、本音で生きることとは次元が違う。

繰り返しになるが、足立区に犯罪が多いか否かは、簡単に結論づけることができない。しかし、つい魔が差して社会の規範を踏みはずしてしまっても、本音でしっかり叱ってくれるまちであることは、確かだといえそうだ。

21、江東区　――オリンピックで目指せ、第二の「渋谷」

増える人口を開発が吸収していく

徳川家康が江戸に入府したころの古地図を見ると、江東区は今の小名木川あたりが海岸線で、その北側一帯も低湿な洲が広がり、人が住める場所ではなかった。以後、江東区では延々と埋め立てが進められていく。

『江東区データブック』による２０１５年の江東区の面積は40・２㎢。ところが、終戦直後の１９４８年は22・５㎢、１８８２（明治15）年には11・４㎢しかなかった。江戸時代はともかくとしても、江東区の面積は、近代に入った過去百三十余年の間で３・５倍に、戦後70年でも2倍近くに膨れ上がったことになる。戦後新たに生まれた湾岸の埋め立て地は、長く倉庫や工場用地として使われていた。鉄道の便が悪いため、住宅地には向いていなかったからだ。

80年代後半から90年代半ばにかけて、地下鉄有楽町線、ＪＲ京葉線、りんかい線、ゆりかもめが相次いで開業。これらの鉄道整備によって、江東区のウォーターフロントは、住宅地としての存在意義を一気に高めることになる。

初期の住宅開発は１９９０年ごろから始まるが、ゆりかもめやりんかい線が開通し、鉄道が線から網へと変わっていく97年以降、本格化し、２０００年を過ぎるとさらにその勢いを増すようになる。

この急速な人口増加に音を上げたのが江東区だった。人口が増えると、それに応じた住民サービスを提供しなければならない。なかでも学校の整備は、区に課せられた絶対の義務だ。しかし、あまりに急速な人口増加で、学校整備の追いつかない状況が生まれてしまった。

そこで江東区は、２００４年1月に「マンション建設計画の調整に関する条例」を施行する。

俗に「マンション規制条例」と呼ばれたこの条例はやがて廃止されるが、マンション建設の事前届出制度は現在も継続されている。

もっとも、区が条例で規制したからといって、開発がペースダウンしたわけではない。大規模な高層マンションが中心の江東区のウォーターフロント開発は、大手デベロッパーによるものが多く、決して秩序を無視した動きではなかったからである。

図表26はほぼ京葉線を境にして、江東区を湾岸エリアとそれ以外の内陸エリアに分けたと

図表26 江東区の湾岸エリアと内陸エリアの人口動向

(%)

指　　標		湾岸エリア	内陸エリア	江東区計
人口増加率	10年/05年	33.4	4.0	9.5
	05年/00年	41.5	6.5	11.7
	10年/00年	88.7	10.7	22.3
年代別人口構成比（2010年）	6歳未満	7.8	4.7	5.4
	6～11歳	5.7	4.2	4.6
	15歳未満	15.7	11.0	12.1
	65歳以上	13.6	20.8	19.1
	30代	23.2	17.3	18.7
	40代	18.4	14.7	15.6

＊湾岸エリアは、京葉線沿線以南の町丁＋新砂地区とした。
出所：『国勢調査』

きの、人口増加率の動向と２０１０年における年代別の人口構成を記している。これを見ると、２００５年以降も湾岸エリアで活発な人口増加が続いていることがわかる。また、年齢別人口構成比からは、新住民のボリュームゾーンが、30代・40代の子育て世代であることが明快に示されている。

湾岸エリアの幼児人口比率や子ども人口比率は23区のトップを上回り、30代人口比率、40代人口比率、小学生人口比率も、23区トップと肩を並べている。

人口が増えると商業施設も増える。江東区では２０００年以降、店舗面積１万５千㎡以上のメガストアが８店新規オープンした。その合計店舗面積は26万２千㎡。『商業統計』

による1999年の江東区全体の売り場面積が25万7千㎡であったことと比べると、メガストアの出店ラッシュのすさまじさが理解できるだろう。

もちろん、これらのメガストアの主たるマーケットはウォーターフロントの新住民で、8店のうち5店が湾岸エリアに位置する。内陸エリアに出店したメガストアも、大規模な駐車場を設けて湾岸エリアからの集客を企図していることはいうまでもない。

江東区のウォーターフロントには、ほかにも景気のいい話題が多い。核テナントの撤退表明で、当初計画と比べるとつまずきのイメージもぬぐえないものの、2016年11月には築地の市場が移転してくる。それ以上に大きな話題は、何といっても20年の東京オリンピックだろう。

東京オリンピックを意義あるレガシーにできるか

当初、サッカーの予選を除く33会場のうち17会場が江東区のウォーターフロント部に予定されていた。オリンピックの会場は、現在見直しが進められているものの、東京ビッグサイトに設けられるメディアセンターをはじめ、江東区がオリンピックの中心になることはほぼ間違いない。

豊洲。緑が映える広い道路とタワーマンション。東京の「現代」がここにある。

オリンピックは一大イベントではあるが、イベント自体はしょせん一過性のもの。その後に何を残すかがより強く問われる。新国立競技場問題もあり、昨今オリンピックのレガシー（遺産）論が盛んにはなった。しかし、その内容は競技場のその後をどうするか、といったハードの話題に終始しているのが残念だ。

翻って50年前の東京オリンピックを見ると、新幹線ができ、首都高ができ、羽田と都心を結ぶモノレールができ、選手村の跡には代々木公園ができた。

青山通りの拡幅でまち並みが一変するとともに、駅前が整備された渋谷が発展していくのも50年前の東京オリンピックが残したレガシーである。

そして何よりもソフトの仕組みが変わった。江戸時代には溶けたロウソクの回収業があったほどリサイクル思想が徹底しており、また身の回りを清潔に保つことを心の修養とするわが国も、高度成長の過程で川はゴミ捨て場と化し、まちにはゴミが散乱していた。今、わが国を訪れた外国人観光客は、口をそろえてその清潔さを評価する。それは50年前の東京オリンピック開催に向けた、官民あげての美化運動がもたらした成果にほかならない。

2020年の東京オリンピックが決まった当座は、JRの羽田アクセス線だ、地下鉄の豊洲~住吉への延伸だと騒がれたが、これらがオリンピックに間に合うかは疑わしい部分が残る。

都心に残る折り紙つきの遊休地だった晴海が選手村の後に住宅開発されることや、有明から晴海を経て都心へと結ぶバス高速輸送システム（BRT）の整備は決まっているようだが、この程度でレガシーと呼ぶにはもの足りなさが否めない。

ハードの投資は時間がかかるが、ソフトな施策なら短期間で効果をあげることができる。江東区が第二の渋谷になるには何が必要か。もう5年しかない。いや、まだ5年もある。

22、荒川区――元祖ハイカラタウンを都電が走る

ハイカラタウンから昭和を代表する下町へ

荒川区という名前がつくが、実は区内に荒川が流れていないのはご存じだろうか。

昭和の初め、荒川放水路（現在の荒川）ができるまで、隅田川が荒川の下流であった。荒川区は、隅田川の恵みを受けて発展してきた。

東京に35の区があった１９３５年、35区の中で一番人口が多かったのは荒川区だった。今のように自動車輸送が発達していない当時、大量でかつ小回りが利く輸送手段は、水運の独擅場であった。このため、隅田川の水運に恵まれる荒川区に大中小の工場が集まり、その工員たちの住宅や彼らの消費が荒川区に繁栄をもたらしたのである。

話は変わるが、わが国における共同住宅普及の歴史は、関東大震災後の住宅供給の担い手として設立された同潤会にまでさかのぼる。同潤会アパートは、都市に住む中間層に向けた良質な住宅供給を目指した。しかし当時の庶民にとって、ＲＣ造の最新鋭住宅は高嶺の花。実際は中間層よりワンランク上の人しか住むことができなかった。

同潤会は、東京23区に14のアパートを建設する。その配置を見ると、荒川区を含む東京東部の京浜東北線と明治通りの間に過半の8か所が集まっている。昭和ヒトケタの当時、23区のどこがハイカラタウンだったかを、同潤会アパートの分布が物語っている。もし昭和の初めに「住みたい区」のアンケートを行ったら、荒川区が上位に入ったことだろう。

戦後になり、東京の近代化が進んでいく中で、荒川区は戦前のハイカラタウンから、昭和を代表する下町へと姿を変えていく。

紙芝居の製作・貸出業者が集積する「紙芝居のまち」。日暮里に、最盛期には120店の駄菓子問屋が集まっていたという「駄菓子のまち」。東京もんじゃのルーツといわれる荒川もんじゃ発祥の地で、今も町屋を中心に多くのもんじゃ焼き屋が集まる「もんじゃのまち」

まさにこれらは、懐かしき昭和を彩る『三丁目の夕日』の世界だ。

伝統は地域コミュニティと都電に脈々と

今、大工場は消えたし、荒川の代表的な地場産業であった鉛筆工場も、時代の流れの中で姿を消しつつある。それでも、従業者4人以上の工場密度2位、家族従業者の割合3位という数値は、かつての伝統が根を張り続けていることの証である。

それ以上に注目すべきは、地域コミュニティパワーが健在であることだろう。高齢化率６位、後期高齢化率４位と高齢者が多い荒川区では、高齢者が高齢者を介護する老老介護が深刻化しており、災害時の避難においてもこの問題が影を落としてくる。

そこで区が力を入れているのが、おんぶをしてでも要援護者を助けるという「おんぶ作戦」。この作戦に取り組む自治会は、２０１３年1月現在で、55組織59体制を数える。

災害医療分野で生死を分けるタイムリミットを表す「72時間の壁」。とはいっても、地震で倒壊した建物の下敷きになったときなど、助け出すのは早いに越したことはない。

このとき、バールの一本があるかないかで結果は分かれる。バールがない一般家庭は多いだろうが、工務店ならごく普通の標準装備。２０１３年4月現在で区内95隊に及ぶ「区民レスキュー隊」は、阪神・淡路大震災後区内の工務店から湧き上がった草の根発案の取り組みだ。

小売店の密度は9位にとどまるものの、精肉店の密度は1位、青果店の密度は2位、鮮魚店の密度も4位と、生活していくうえでは便利なまちでもある。

そして何より荒川区の魅力を象徴しているのは、区内を縦断する都電の存在だろう。鉄道駅の密度は12位でそれほど高いとはいえないが、路面電車（都営荒川線、東急世田谷線）を

都電とバラ。「ちんちん」という音を響かせて、バラの中を都電が走り抜ける。

含めると、中央、千代田の都心区に次ぐ3位に躍り出る。

欧米をまねたコンパクトシティ論が大手を振る今日、これまた欧米直輸入のLRT（ライト・レール・トランジット）が、都市を救う救世主のようにもてはやされている。学も官も、未来の都市交通だと喧伝し、定時性、速達性、快適性、安全性とそのメリットをあげる。

だが、つまるところ、昔ながらの都電や市電とどこが違うのかよくわからない。

LRTのモデルとされる富山市のポートラムと都電荒川線を比べると、速達性（速度）では富山に軍配が上がるが、コンパクトシティとはひたすら利便性を追い求めてきたことへの反省ではなかったのか。

荒川区の都電沿線には、バラの花が植えられている。都電の沿線をバラで埋めようという区の方針に賛同した地元の人たちが、手塩にかけて育てているバラだ。

「ちんちん」という音を鳴らして、今日も都電はバラの中を走り抜ける。「ちんちん」の音は、かつては運転士と車掌の合図だったが、ワンマンカーになった今は都電を楽しむ効果音となった。

一見ミスマッチの都電とバラの組み合わせにも、無駄といえば無駄な「ちんちん」の音にも、ハイカラタウンの伝統が脈々と受け継がれている。

23、北区――ひそかにねらう大逆転

データで見る北区の悩ましき実態

北区は名前で損をしている。

東京23区と20の政令指定都市の行政区を合わせて、全国には約２００の区がある。このうち一番多い名前が南区の13か所。２位は北区と西区の12か所。全国12の北区の中で、知名度

では梅田を擁する大阪市北区に後れを取っているといわざるを得ない。

ほかにも同じ名前の区があるから、それだけでインパクトがない、実力や知名度がない、ということにはならない。中央区だって10か所あるし、港区も大阪市と名古屋市にある。ところが主要な統計データを見ると、北区の深刻な実態が浮き彫りにされてくる。

2005〜2010年の人口増加率21位。2010〜2014年の人口増加率も同じ21位。両者をつなげた2005〜2014年の人口増加率は最低の23位。高齢化率は1位。2005〜2010年の高齢化進展度は、特異値である杉並区を除くと3位。55〜64歳の高齢化予備層の割合も2位。今後も高齢化の進展は収まりそうにない。

高齢化率2位、高齢化予備層の割合1位と、北区と並んで高齢化が進んでいる台東区は、高齢者の就業率が2位と高く、現役で働く元気なお年寄りが多い。これに対して、北区の高齢者就業率は23区最低。高齢化率が示す数値以上に事態は深刻なことがわかる。

子どもはどうか。30〜44歳の子育て世代の割合は22位。6歳未満の幼児人口比率17位、15歳未満の子ども人口比率も17位。

惨憺たる数値ばかりが続くと、17という順位も悪くないと錯覚してしまいそうになる。

そんな北区でも、「上」とはいわないまでも「中の上」を示す指標もある。図表5に示した幼児人口増加特化度だ。北区は保育サービス充足率が荒川区、墨田区に次ぐ第3位で、子育て支援の環境が充実している。幼児だけではない。小学校低学年児の学童クラブの登録率も5位を示す。

面積あたりの区立図書館数が２位にのぼること、小学校での英語授業の先進区であることなど、子育て支援だけでなく教育環境のレベルも高い。にもかかわらず、小学生人口の増加特化度は20位に、中学生人口の増加特化度は22位に落ちていく。これは、子どもが小学生、中学生になると、区外に転出する人が増えていくからだ。

データを見れば見るほど悩みが多そうな北区。なぜこうなったのか。その理由を考えると、まちの「過成熟」という問題に行きあたる。

必要なのは過成熟を乗り越える「力強さ」

北区の人口がピークを迎えたのは１９６５年で、現在の人口はピーク時の74％でしかない。23区の一番外側の区の中で、北区と同様に開発が早かった葛飾区は、１９７０年に人口のピークを迎えるが、現在の人口はピーク時の96％となっている。

つまり葛飾区は、高度成長期に開発が「収束」したのに対し、北区は高度成長の前期に開発が終わった。つまり「終息」したことになる。もちろん23区の内側にはもっと早い時期に開発が終わった区もあるが、その後の新陳代謝で都市も更新された。

この動きを端的に示しているのが、２０１３年の『住宅・土地統計』による１９８０年以前に建てられた住宅の割合だ。

北区は、その割合が23区で一番高い。団地先進地の北区は、昭和30〜40年代に建てられた都営住宅や現在のＵＲ賃貸住宅（旧：公団住宅）が多いが、民営借家に限って見ても、築33年以上の老朽化した住宅の割合が新宿区、豊島区に次ぐ3位にのぼっている。

加えて、北区の民営借家の平均面積は、中野区、新宿区に次いで狭いという問題も抱えている。若者のまちである中野区や新宿区なら、狭い借家は市場原理に合っているだろう。しかし、北区はそうではない。ひとり暮らしの割合は新宿区1位、中野区4位に対して北区は14位にとどまる。20代の割合も新宿区2位、中野区3位に対して北区は13位だ。

これらのデータをつなぎ合わせると、ひとつのストーリーが浮かび上がってくる。都心に通うのに便利で、商店街に代表される生活の利便性にも優れ、子育て支援策も充実している北区には、幼児のいる若い夫婦が多い。しかし、子どもが進学すると、子ども専用の部屋が欲しくなる。このニーズは、子どもが大きくなればなるほど高くなる。

音無親水公園。「江戸の粋」と称された夏の王子の水遊び。今は子どもたちの天国。

ただし古い住宅が多く、それゆえに住宅が狭い北区では、これに応えられない。その結果、子どもが小学校、中学校へと進学していくに従い、区外に転出せざるを得ない人が増えていく……という具合だ。

１９９６年に策定された『北区イメージ戦略ビジョン』。その中で同区は、自らを「目立たず、存在感が薄い」と評価している。

では、どうするのか。対応策を頭の中でシミュレーションし、頭の中でダメと判断していても問題は解決しない。

まずは自己を客観的かつ冷静に見つめることと、そうすれば、課題は自ずと収斂してくる。そこに思い切ってメスを振るい、力強く歩めば、きっと北区の大逆転も夢ではなくなる。

最終章

住んでいい区・よくない区を見極める方法

「あなた」にとっての住んでいい区・よくない区

東京23区が、むしろ「格差」を前向きに捉え、それぞれの発展を続けていることをここまで解説してきた。データだけで見ても、どの区であろうと、住む価値が十分にあることをわかっていただけたのではないかと思う。

いきなり結論を言えば、住んでいい区は確かにあるが、住んでよくない区など実際にはありはしない。しかし人の好みや関心、暮らし方は十人十色。「あなた」にとって、という条件をつければ、住んでいい区、住んでよくない区があることは否定できない。

ここまでこの本におつき合いくださった方々なら「常識」のくびきから離れ、東京というまちのあるがままの姿を、自分なりに発見していくことの大切さに気づかれたことだろうと思う。

そこで最終章では、そんなあなたのお役に立てるよう、「まち選び」という主旨に戻し、これまでの話題をあらためて整理し直すことにしたい。

過去の遺産から未来を見出す

文京区本郷の東京大学は、ほぼそっくりそのまま加賀前田家の大名屋敷跡に立つ。前田家は百万石だから屋敷も広かったのだろうが、新宿御苑は信州高遠内藤家三万三千石の屋敷跡で、三万石でもたいしたものだ。

ひと口に三百諸侯と呼ばれる大名は、江戸に上・中・下の三つの屋敷をおいていた。さらに、抱え屋敷という別邸を持つ大名もいたため、江戸のまちは大名屋敷だらけだった。大名屋敷には、池のある大きな庭があった。つまり、大名屋敷だらけの江戸のまちは、庭園だらけのまちでもあった。大阪や横浜などと比べ、東京の中心部に緑が多いのは、この遺産にほかならない。

明治維新後、広い敷地面積を持った大名屋敷は官庁街や民間のビル、住宅などに姿を変え、東京の発展を支えた。大学や公園として使われたものも東京大学や新宿御苑だけでなく、枚挙に暇がない。

大名屋敷は官や軍の用地に使われたり、大きな施設ができるなど、まとまった土地利用がなされていた場合、都市改造の恰好のタネ地にもなった。

代表例は、長州毛利家の屋敷から陸軍用地、防衛庁・自衛隊用地を経て、今の姿に至った六本木の東京ミッドタウンだろう。同じ六本木の六本木ヒルズは、周辺の密集市街地を含めた再開発だが、中心のテレビ朝日は、元をたどれば長府毛利家の屋敷跡。だから六本木ヒルズには毛利庭園がある。

きりがないので詳しい話は省くが、赤坂サカスも、汐留シオサイトも大名屋敷の跡。港区に富の集中が進んだ背景として、都心での生活に適合すべく高い機能を備えたこれらの施設が果たした役割は大きい。とするなら、今日の港区の繁栄は、江戸から続くハードの集積の上に立っていることになる。

一方下町の方はというと、こちらはソフトの領域で、江戸の遺産を強く受け継いでいる。江戸のまちは、武家地が7割、寺社地と町人地が15％ずつとされるが、人口は武士と町人がほぼ半々。狭い町人地に、庶民はひしめき合って暮らしていた。

落語でお馴染みの「九尺二間の長屋」とは、間口九尺、奥行き二間のこと。計算すると、畳6枚分。この中から、台所となる土間が取られるため、居住スペースはもっと狭かった。押入れもなく、隣との境は薄板1枚だけ。プライバシーも何もあったものではない。

そのかわりというか、そうだからこそ、江戸の下町には長屋全体が一家のように助け合う心が生まれた。

3代にわたる江戸っ子は、今や希少価値の存在になった。しかし、新住民のマンション族を含め、下町に残る地域コミュニティの根強さは、やはり江戸の遺産だろう。東京東部に残る家族主義の伝統も、やはり地に染み込んだ過去の遺産にたどり着く。時代は下るが、西部山の手がブランド住宅地になったのも、大正末からはじまる住宅開発の遺産を引き継いだものだ。

食い潰しているか、継承しているか、時代に合わせて再生させているかはともかくとして、東京が過去の遺産の上に立脚していることは間違いのない事実である。

借家暮らしが気楽でいいと割り切って、ライフサイクルに合わせて住まいを変えるのなら、せいぜい数年先を考えればいい。だが、持家を選ぶとなると、30～40年先を見通さないと、「住んでよくないまち」に住まざるを得なくなるリスクを招きかねない。とはいっても、そんな先のことなど誰もわからない。

だが芯にあって、簡単に変わらないものなら見つけ出すことができる。たとえば東京だと大名屋敷跡ならではの機能性か、下町由来の濃密なコミュニティか。そういった歴史が与えた贈りものを発見できたとき、見えない未来は姿を現す。

人間は抜群の環境適応能力を持っている。日本人は特にこの能力に長けている。だから、枝葉の部分にやたらと惑わされる必要はない。幹を見つめよう。簡単とはいわないが、決して難しいことではない。

定住の呪縛から逃れる

東京は目まぐるしい変化を続けている。変化するからそこに活力が生み出されていく。東京に商店街や銭湯や豆腐店が残っているのも、変化しているからこそだ。変化しないと、あとは衰退しか残されない。それは人もまちも、商店街や銭湯や豆腐店も同じ。たとえば、銭湯が従来のように風呂が家にない人だけを相手に商売をしていたら、東京から銭湯は真っ先に消えていただろう。

東京23区の銭湯の数は、1位が「黒湯」と呼ばれる天然温泉が沸く大田区。東部の各区がこれに次ぐが、セレブな世田谷区が実は六番目に多い。

昨今、温浴施設が人気だ。お台場の「大江戸温泉物語」のように、温浴施設は様々な癒しを提供するある種のテーマパークだと言っていい。銭湯を低料金で手軽に楽しめる温浴施設だと捉えれば、従来の「常識」が大きく変わる。データは後に示すが、世田谷区には多くの新住民が流入し続けている。銭湯を知らないこうした新住民にとって、銭湯は新鮮な魅力として目に映る。つまり、銭湯自らが変わり、合わせてまちも変わることによって、世田谷区に銭湯が生き残り続けているのである。

これは世田谷区に限らず他の区にも共通して指摘できることである。さらには銭湯に限らず、豆腐店や商店街にも共通している。

日本人は、よき意味で保守的であり、変わらないことに安心感を抱く。まちに関して変わらないことといえば、定住がその象徴となる。図表27は、30歳以上の人のうち、20年以上現在と同じ場所に住み続けている人の割合（定住率）を示したものだ。

過去20年間で、人口が80％も増えた中央区で20年以上の定住者が少ないのは当然だし、この間にウォーターフロント部での住宅開発が一気に進んだ江東区の定住率が低いのも納得できる。

しかし、図表27の結果が人口増加率と相関（正しくは逆相関）しているかというと、必ずしもそうではない。

あらためて図表27をながめていただきたい。中央区、江東区の両区を例外として、定住率が低い区は、順に港区、世田谷区、目黒区、千代田区、文京区。リクルート住まいカンパニーの『住みたい区ランキング』の上位区、「三高」の区、高齢化率の低い区が並んでいる。

図表27 定住率（2010年）

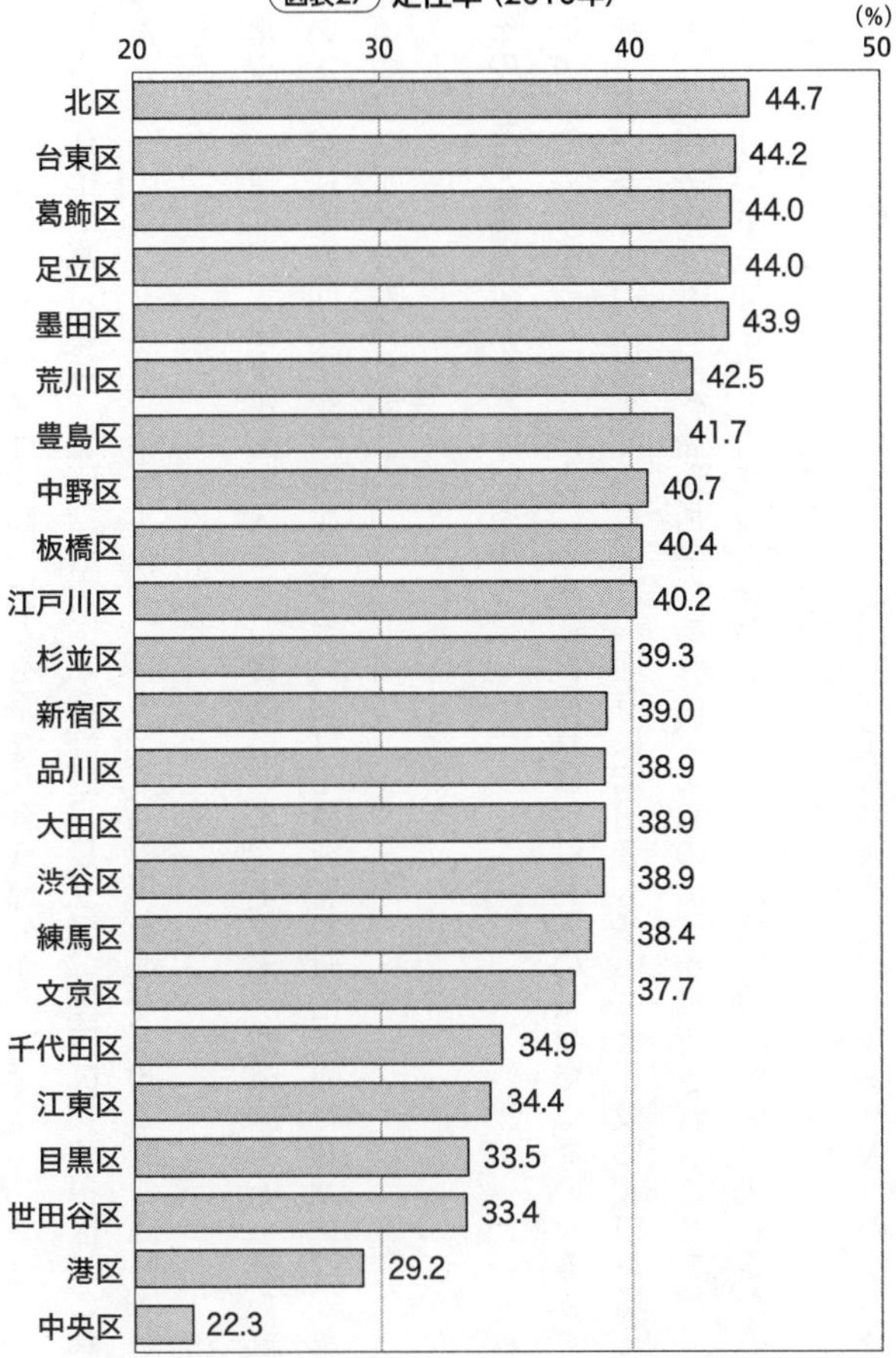

＊ 30歳以上のうち、20年以上現在と同じ場所に住み続けている人の割合。
出所：『国勢調査』

これは図表1に示した知名度が高い区とも重なり合う部分が多い。

一方定住率が高い区は、北区、台東区、葛飾区、足立区、墨田区、荒川区。これらは「住みたい区」のランク外と完全に一致。「三平」で高齢化が進む、知名度の低い区がズラリと名を連ねる。

「常識」と逆に、定住率が高い区こそ「負け組」に、定住率が低い区こそ「勝ち組」になっている。定住率の向上を錦の御旗のように掲げる研究者や政治家や行政マンは、この結果にどうコメントするだろうか。

そのまちで新陳代謝が起きているか

一方、この本を読んできた方にとって、これは別段驚きの結果ではないだろう。

転入者が多く人口が増えている区は、同時に転出者も多いこと、仮に人口が増えていなくても、転出入が多く新陳代謝が活発であれば、まちの活気が維持されることを、これまでデータをあげて示してきた。当然のことながら、こうした新陳代謝を受け入れるためには、その受け皿となる住宅がなければならない。

中古住宅の転売市場が未成熟なわが国で、まちの新陳代謝、つまり人々の住み替え移動の受け皿となっているのは賃貸住宅、より正確に言うと賃貸マンションに代表される民間の賃貸住宅である。

２００５～２０１０年の５年間で、東京23区の人口は45万６千人も増えた。子どもの独立など世帯の分離があるため、世帯の増加数は、人口を上回る52万世帯。このうち、持家の増加が吸収したのは３分の１の17万１千世帯にとどまり、およそ３分の２にあたる33万４千世帯は民間賃貸住宅の増加が吸収している。

「自分が関心を持っているのはあくまで持家。賃貸住宅は関係ない」と言って済ませてはいられない。新陳代謝が維持され、まちが活力を維持し続けていくうえで、民間賃貸住宅の存在は欠かすことができないからだ。

23区内にはほとんど例はないが、郊外都市に行くと、高度経済成長期に農地や山林を造成してできた戸建て団地が存在する。開発した企業の名前をつけて「○○団地」などと呼ばれているものも多い。一戸建て持家に特化したこれらの戸建て団地では、新陳代謝が進まない結果、団地問題が深刻化しつつある。

要は家の問題ではなく、まちの問題なのだ。持家を求めている場合でも、そのまちに質のよい賃貸住宅がバランスよく配置されているかは、重要なチェックポイントになる。

近年「まち情報」の提供に熱心な不動産販売会社であっても、詳しいのはあくまで持家情報なので、彼らに賃貸住宅の状況を聞いてもトンチンカンな答えしか返ってこないだろう。しかし、住宅情報誌やインターネットを使えば、ファミリー層やひとり暮らし向けなど、どういった賃貸物件が整っているかを、自分で調べることができる。

お目あてのまちに行き、古くから営業している個人経営の不動産屋さんを見つければ、ウラ話まで聞けるかもしれない。30年、40年先を見通すうえで、有意義なサジェスチョンが手に入る可能性もある。

住宅の購入は大きな買い物だ。くれぐれもあなたにとって「住んでよくないまち」だけは選ぶことのないよう、この程度の努力は手間のうちに入らない。

沿線概念を超えた住まい選びを

山手線の駅とつながる東急、小田急、京王、西武、東武、京成、京急の私鉄在来13路線（東武伊勢崎線を含む）のうち、現在都心に直通乗り入れをしていないのは、池上線、西武新宿線、京王井の頭線だけになった。JRも、湘南新宿ラインや上野東京ラインが従来の路線を越えた直通運転をしており、今やどこが始発かわからなくなっている。

かつて、東横線沿線に住む目黒区民は、渋谷の東急を「わがデパート」とした。同様に、世田谷区民は小田急か京王が、練馬区民は池袋の西武が、板橋区民は東武が「わがデパート」であった。

東京の百貨店は均一化が進んでいるが、大阪梅田の阪神と阪急のデパ地下は、雰囲気にかなりの違いがある。残念ながら先日閉店となったものの、イカ焼きを立ち食いでほおばる阪神。お洒落なイートインスペースでランチを楽しむ阪急。両百貨店は経営統合されており、経営方針の差で違いが生じているのではない。沿線住民の嗜好が、両者の差の背景にあるのだ。

2005～2010年の間に区外から転入してきた人の前住地を見ると、興味深い結果が浮かび上がってくる。5年前に神奈川県に住んでいた人が多く、神奈川県と深いつながりを示すのは大田、品川、世田谷、目黒、港、渋谷の各区。このうち、世田谷区は東京多摩地域から転入してきた人も多い。

埼玉県からの転入者が多いのは足立区、板橋区、北区、練馬区、豊島区。練馬区は多摩地域とのつながりも強い。千葉県とつながっているのは江戸川区、葛飾区、江東区、墨田区、中央区。多摩地域は杉並、世田谷、中野、練馬の各区と深い関係にある。

これを見てもわかるとおり、区と区外のつながりは、見事なまでに従来の鉄道路線と一致している。結婚して最初に居を構える場所は、いくつかの偶然が重なった結果に過ぎない。しかし、この偶然は同一沿線での住み替え移動となって、後々まで尾を引いていく。

相互乗り入れが進んでも、同一沿線を志向する意識は崩れることがないようだ。13年3月に、東横線と副都心線が相互乗り入れし、東横線と西武池袋線・東武東上線が乗り換えなしでつながった。しかし、13年の『住民基本台帳移動報告』を見ると、埼玉県と目黒区・渋谷区あるいは神奈川県と練馬区・板橋区のつながりの薄さは、まったく変わっていない。

他の直通運転路線を見ても、いまだに人の移動と結びついていない状況は明快である。今や実態のない、古くて狭い沿線という概念は、沿線文化の成熟を生み、23区内でのエリア特性を継承するバックグラウンドを創り出した。そしてその結果として、各区に「格差」が生み出されていった。これをプロデュースしたのは鉄道会社だ。しかしその鉄道は、相互乗り入れを進め、かつての沿線の範囲をとっくに超越している。

だとしたら、私たちもそろそろ古い「沿線概念」を超えるべき時期にきているだろう。それは「沿線文化」の存在を否定するものではない。鉄道の沿線という枠組みに縛られることなく、個々人がそれぞれに描く未来像に応じ、意識的に「住んでいいまち」を選ぶようにするということだ。

言い換えるなら、まちを未来につなげていく主役を、私たち自身が担うということだ。

住みたいまちか、住んでよかったまちか

リクルート住まいカンパニーが実施した『2015年度版 みんなが選んだ住みたい街ランキング 関東版』では、「穴場な街（駅）ランキング」も公表されている。

1位は北千住、2位は赤羽、3位は武蔵小杉。以下、中野、小竹向原、池袋と続く。3位の武蔵小杉に象徴されるように、基本的にこのランキングの背景には、話題性、いわばメディアへの露出度の高さが存在しているように思われる。

赤羽は15年3月の上野東京ラインの開業によって、交通利便性が一気に向上した。中野は駅前の「四季の都市」の整備が大きな話題を呼んだし、小竹向原と池袋は東横線の副都心線乗り入れが反映された結果だろう。

実は北千住、1位は1位でも〝圧倒的〟なトップだという。北千住は、今や東京東部の一大交通拠点。従来の常磐線、東武伊勢崎線・日比谷線とこれと相互乗り入れをする東横線だ

けでなく、つくばエクスプレスによるつくば方面、千代田線・小田急線による神奈川・箱根方面、半蔵門線を通じた田園都市線沿線とも乗り換えなしで結ばれている。

北千住は下町グルメのメッカであり、銭湯や蔵造りの建物が残り、まちの面白さを色濃く伝え続けている。近年は大学の集積が相次ぎ新たな発展が期待されている。だが、こうした魅力も右の結果の前提になっているかといえば、いささか怪しい。アンケート調査に答えた人の頭の中まで推し量ることはできないものの、北千住が穴場トップとなったのは、あくまでも先述した交通利便性が評価されての結果だと思われる。

一方『東京ウォーカー』は、「住みたい街」のランキングと並んで、かつて「住んでよかった街」のランキングを発表していた。住みたいまちは吉祥寺、自由が丘、恵比寿、下北沢などが常連で、その結果は今も変わっていない。これに対して、「住んでよかった街」の方には、赤羽、蒲田、浅草、葛西などが顔を出してくる。

「住んでよかったまち」をアンケートで調べようとすると、相当に煩雑な作業が必要となる。「住んでよかった」なのだから、そのまちに住んだことがある人しか答えられない。このため、膨大なサンプル数と厳密な回答者の絞り込みを行わない限り、統計学的に意味ある結果を得ることができない。『東京ウォーカー』の「住んでよかったまち」の調査結果が、年によって大きく変化しているのもこのためである。しかし、山の手ブランド住宅地とは異なるまちが、「穴場なまち」や「住んでよかったまち」に登場してくることは注目に値する。

赤羽も、北千住も、浅草も、言うまでもなくそれぞれに魅力あふれるまちだ。

これらいぶし銀のようなまちの名前があがってくるのは、人々の志向が変わったからでも、まち選びが進化したからでもない。単純に、これらが住んでよかった穴場のまちだから、ずっと住み続ける人が多いのだろう。

住んでよかったと感じることや、そこに住み続けることは、個人の領域に属するもの。これに対して、住んでみたいと望むことや、定住率の高低がまちの活力を左右することは、社会に属することとなる。

そうはいっても、まちの中で、個人と社会は密接不可分な関係にある。ロビンソン・クルーソーではない私たちは、常に社会の影響を受けて生活している。「我関せず、わが道を行く」だけでは生きていけない。玉虫色の理想論のように聞こえるかもしれないが、やはり「住みたいまちに住んでよかった」を求め続けていく必要がある。

北区が一番住みたい区になる日

これまで、「まちを選ぶ」というテーマを、選ぶ側の視点に立って検討してきた。この本を締めくくるにあたり、選ばれる側、つまり行政の視点に立ったまちの未来を考えてみることにする。「住みたいまちに住んでよかった」という難問は、行政と住民のコラボレーションがなければ実現できないからだ。検討するモデルとして、住んでよかった穴場のまち、赤羽を擁するにもかかわらず、まちの活力を示す諸データが低位に沈む北区を取り上げたい。

北区が抱える構造的な課題の最たるものは、第4章でも指摘したとおり、良質な民間賃貸住宅のバランスのよい配置に遅れが見られることにある。

「定住」を前提とする地方公共団体の施策では、一戸建てや分譲マンションには関心がよせられても、賃貸マンションはほとんど顧みられることがない。賃貸マンションの供給は民間に任せておけばよいと考えるのが「常識」で、賃貸マンションが話題になるのは空き家問題が発生したときくらいである。しかし、北区のデータを検討していくと、賃貸マンションがまちの未来を占う大きなカギを握っているとの結論に至らざるを得ない。

一方、北区の強みといえば、まず思い浮かぶのが商店街。

商店街と、子育てと、子どもが大きくなると北区を離れていかざるを得ないお母さんたちという、三つの課題を結び合わせると、コミュニティビジネスというキーワードが浮かんでくる。子育て支援は、コミュニティビジネスが最も得意とするジャンルのひとつだ。

地域の中でお母さんが働ける場を創り出すという面からも、コミュニティビジネスは子育てと密接な関係がある。商店街はそのよきサポーターとなるだろう。活動の拠点は、空き店舗を使えばいい。北区にだって、空き店舗はある。

北区では、かつてコミュニティビジネスの活性化を目指したことがあったものの、うまく進まなかったらしい。ことの詳細はよくわからないが、お隣の板橋区はコミュニティビジネスの先進区である。板橋区でできて、北区でできない理由はないと思うのだが、いかがなものだろうか。

思うに、やはりここにも「常識」の壁がある。賃貸マンションもコミュニティビジネスも、「常識」にとらわれた固定概念が、その行く手を阻んでいる。逆に、この壁を乗り越えることができたなら、一番かどうかはともかくとして、多くの人々にとって北区が「住みたいまち」になる日が現実味を帯びてくる。

大手企業では若い社長が抜擢され、メディアを騒がせることも珍しくなくなった。

その背景には、右肩上がりの時代から縮小の時代への転換を前にした生き残りのための試行錯誤が存在する。試行錯誤だからリスクもある。しかし、変わらなければ生き残っていけない。地方公共団体もこの瀬戸際に差しかかりつつあるのだが、まだまだ危機感不足と思える部分が少なくない。

東京中心部の人口増加は、「都心ライフ」という新しい価値観がその原動力となっている。この動きは、今や東京だけでなく、大阪をはじめとする他の大都市でも普遍化し始めている。しかし、中央区が「定住人口10万人」の目標を打ち出した1981年ごろ、「都心ライフ」などかけらも存在しなかった。行政の地道な取り組みの継続が、やがて民間企業や生活者を巻き込んで、大きなうねりへと発展していった。

まちを選ぶ人々の動きは、直感的ではあるものの、ことの本質を鋭く見抜いている。行政側は、自らが「選ばれる」立場にあることをもっと強く自覚すべきではあるまいか。

とある不動産会社のテレビCMのように、タイムマシンに乗ってきた不思議な少女から、「このまちはいいまちになりますよ」と言われても、たかだか15年後から来た自分の娘では十分とはいえない。売る方はそれでいいかもしれないが、買う方はそういはいかない。40年後、それこそ孫からのアドバイスでないと安心できない。

そしてそのとき、こちらも「ええ、おじいちゃんとおばあちゃんで一緒にしっかり選びましたからね」と答えることができたなら。きっと不思議な少女は、満足そうな笑みを浮かべて、未来の世界に帰っていくことだろう。

あとがき

この本にはふたつの底流がある。

ひとつは、ダイヤモンドオンライン上に発表した『東京23区シリーズ』だ。本書の内容は、このとき書いた記事を下敷きにしている。

東京23区研究所は、筆者の古い友人である小口達也さんが任意団体として発足させたのが始まりで、2010年4月から、小口さんがダイヤモンドオンラインに『東京23区 データでわかる区の実力』を掲載していた。同年7月以降、筆者もその一部を分担するようになる。

ダイヤモンドオンラインでは、その後、『東京23区の商店街』『東京23区 安心・安全な街』『国勢調査で発掘 東京23区お役立ちデータ』と連載が続いていく。これらは、基本的に筆者が執筆を担当した。『東京23区の商店街』では、まず区役所を訪れてレクチャーを受け、現地の視察・ヒアリング、資料やデータの検討、そして原稿執筆。これを毎週1区ずつ続けていったから、きわめてハードなスケジュールだった。しかし、東京のまちの面白さを次々と再発見できたことは、スリリングな楽しさにあふれ、以後本書に至るまで、街角に立って学ぶということが筆者にとっての基本的な姿勢になった。

もうひとつは２０１４年暮れに、北区の職員を対象にした勉強会の講師を仰せつかったことに始まる。

はっきりいって悩んだ。頭に浮かぶ北区のデータは悪いものばかり。「あれもダメ、これもダメ」ではお話にならない。どうしてダメになったのか。どうしたらダメを克服できるのか。それを考えるには、北区を見ているだけでは不十分だ。これが東京全体のまちの構造をあらためて認識し直す、恰好の契機となった。

ラクレ編集部から本書執筆のご相談を受けたとき、このふたつのバックボーンがあったから、無謀にもお引き受けすることにした。

しかし、根が怠惰な筆者のことである。何度も締め切りを延ばし、締め切りが延びたらその間に新しいデータが公表されて書き直し。ようやく一冊の本にまとめ上げることができたのは、ラクレ編集部の吉岡宏さんが辛抱強く接し続けてくださったからにほかならない。

常に激励と示唆を与え続けてくれた東京23区研究所の小口達也さん、中川順一さんと合わせ、お三方には感謝の言葉もない。

２０１４年、７年ぶりに実施された『商業統計』の集計結果がまもなく公表される。２０１５年の10月には、『国勢調査』も行われた。新しいデータで、東京23区のどこが変わり、どこが変わらないのか。読者の皆様がそれぞれの興味に基づいて、本書を補足していただけたなら、筆者にとって望外の喜びである。

２０１５年10月

池田利道

Chuko Shinsho
La Clef
中公新書ラクレ 542

23区格差《くかくさ》

2015年11月10日初版
2016年1月25日7版

著者 池田利道《いけだとしみち》

発行者 大橋善光
発行所 中央公論新社
〒100-8152 東京都千代田区大手町1-7-1
電話 販売 03-5299-1730
　　 編集 03-5299-1870
URL http://www.chuko.co.jp/

本文印刷 三晃印刷
カバー印刷 大熊整美堂
製本 小泉製本

Published by CHUOKORON-SHINSHA, INC.
Printed in Japan ISBN978-4-12-150542-2 C1236

中公新書ラクレ刊行のことば

世界と日本は大きな地殻変動の中で21世紀を迎えました。時代や社会はどう移り変わるのか。人はどう思索し、行動するのか。答えが容易に見つからない問いは増えるばかりです。1962年、中公新書創刊にあたって、わたしたちは「事実のみの持つ無条件の説得力を発揮させること」を自らに課しました。今わたしたちは、中公新書の新しいシリーズ「中公新書ラクレ」において、この原点を再確認するとともに、時代が直面している課題に正面から答えます。「中公新書ラクレ」は小社が19世紀、20世紀という二つの世紀をまたいで培ってきた本づくりの伝統を基盤に、多様なジャーナリズムの手法と精神を触媒にして、より逞しい知を導く「鍵《ラ・クレ》」となるべく努力します。

2001年3月